作者简介

朱　燕　女，1978年生，河北唐山人，文学博士。现为唐山师范学院外语系副教授。主要研究方向为语言教学。曾主持河北省科技厅（软科学）项目、河北省高校英语教学改革与研究项目、河北省社科联项目等；参与全国教育科学规划外语教育研究专项等项目。主要学术成果：《中国外宣领域外语人才需求规格的思考》（合作）、《认知与二语习得理论国内外发展趋势研究》、《基于关联—顺应—模因框架下第二语言学习模型的解读》、《 Learning Community视阈下地方师范院校教师资源整合》等学术论文30余篇。

2018年度唐山师范学院出版基金项目（2018CB02）

二语学习者文化语用能力研究

朱 燕◎著

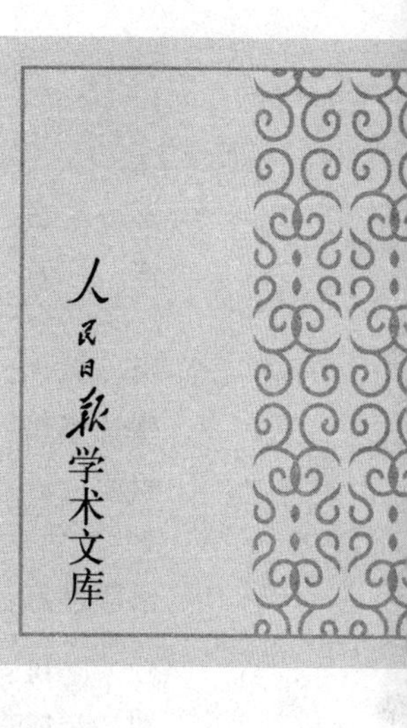

人民日报出版社

图书在版编目（CIP）数据

二语学习者文化语用能力研究 / 朱燕著. —北京：
人民日报出版社，2018.5
ISBN 978-7-5115-5415-4

Ⅰ.①二… Ⅱ.①朱… Ⅲ.①第二语言—语用学—研究
Ⅳ.①H003

中国版本图书馆 CIP 数据核字（2018）第 079246 号

书　　名：二语学习者文化语用能力研究
作　　者：朱　燕

出 版 人：董　伟
责任编辑：谢广灼
封面设计：中联学林

出版发行：人民日报出版社
社　　址：北京金台西路 2 号
邮政编码：100733
发行热线：（010）65369509　65369846　65363528　65369512
邮购热线：（010）65369530　65363527
编辑热线：（010）65369533
网　　址：www. peopledailypress. com
经　　销：新华书店
印　　刷：三河市华东印刷有限公司

开　　本：710mm×1000mm　1/16
字　　数：167 千字
印　　张：13.5
印　　次：2018 年 6 月第 1 版　　2018 年 6 月第 1 次印刷

书　　号：ISBN 978-7-5115-5415-4
定　　价：68.00 元

致谢

博士的学习生活告一段落，回首走过的路，内心充满着无限感激。

感谢我的导师李佐文教授。参加工作十余年后，我像大多数生活在小城市的人们一样，工作、结婚、生子，日复一日重复着同样的生活，但心中的茫然和不知所措也在不断增长。在我的人生和事业陷入低谷的时候，李老师接纳了我，帮我打开了生命中的另一道门，让彷徨和迷茫的我看到了一个完全不同的世界。我才知道，世界这么大，还可以这样学习和生活。这种眼界的开阔，使我重新认识自己、领悟人生、活在当下，也展望未来。这种改变会使我终身受益，感谢恩师给了我这样一个机会！我想对导师说：谢谢您！您的帮助和教诲改变了我的人生！

李老师还引领我进入了语言学的学术之门，使我得以领略这一领域的深奥与美好。导师严谨的治学态度、敏锐的学术洞察力、乐观向上的精神和执着的信念，为我树立了学习的典范，是我今后人生中受用不尽的精神财富。导师的教诲更时时鞭策我不断克服困难、积极向前。我的论文选题和写作过程，也凝结着导师的心血和智慧，每一次的讨论，从整体构思、论述逻辑到遣词造句，都离不开导师全方位的指导。在论文写作中，导师的鼓励更是我坚持下去，不断磨砺和提升自己的勇气来源。能成为李老师的学生是一件非常幸福的事情！

感谢侯敏教授、赵雪教授和李大勤教授。侯老师不厌其烦地帮我解决论文中遇到的很多具体问题，细致耐心的解答和缜密的分析让我的思路不断清晰，论文得以顺利完成。赵老师不但在学术上给予我耐心的指导和帮助，更在未来的发展和严谨治学上给了我深深的启发，赵老师的教诲我会永远牢记于心并不断践行。李老师在学术研究中总有着独特的见解和创新的视角，在我的学习中给予了许多热情和无私的帮助，使我受益匪浅。感谢邢欣教授、云贵彬教授和李晓华教授，在传媒大学读书期间，有幸跟随诸位教授学到了宝贵的知识，更体会到了各位教授严谨的治学态度和学者风范。

感谢我的同学张天伟，为我解疑答惑，帮我寻找资料，你的帮助让我在论文写作中少走了许多弯路；感谢张瑛、路越和秦亮。你们放下自己手上的工作，数次和我讨论论文到深夜的情景会永远留在我的记忆中，没有你们给予我的无私帮助，我的论文不可能完成；感谢刘颖，没有你的坚持和榜样的力量，我很可能早已中途放弃；感谢朱玮和申丽红，你们一直以来的鼓励和实实在在的帮助，让我克服了一个又一个的困难；感谢孙梦诗、吕东莲、夏一乔、魏红给我的诸多帮助。感谢陆香、侯晓舟、梁国杰、王莹、刘欣、王源智和同门的师妹们，大家一起组成了这个温暖的集体，每次和你们的讨论都让我有所收获，更感谢你们三年来的陪伴和帮助。

感谢我在唐山师范学院的领导和同事们。贾长胜处长对我的求学给予最大程度的支持和帮助。唐翠芸主任鼓励我坚持自己的梦想，努力奋斗。韩立娟老师一直是我思想上的领路人和实践上的指导者。李旸老师一直全方位地给予我最大的支持。我的同事们在我准备考博和在读期间，分担了我所有的工作，帮我打理单位的一切大小事宜。没有你们，我不可能顺利完成学业。期待回到我温暖的单位，和我亲爱的同事们在一起。

感谢我的家人。我的父亲、母亲多年来对我的学习和工作给予了最大限度的理解。本该多尽孝道的我，却不能陪在父母身边，反而是他们毫无怨言地支持我、鼓励我、帮我照顾孩子、给予我最无私的帮助。谢谢爸爸妈妈！不管我长到多大，有爸妈的地方就是家，那是我永远能得到安慰和支持的幸福港湾！也谢谢我的大家族。在妈妈住院手术的日子里，姑父一句话："回北京写论文，你妈我们来照顾。"整个家族全体行动，替我分担了所有的工作，没有你们，我不可能坚持到最后！谢谢我的丈夫付海辰，在我们相识、相知的25年里，你一直没变，永远是那个支持我实现梦想并且毫无怨言的朋友、爱人和亲人，谢谢你一直牵着我的手，给我信心。还要谢谢我可爱的儿子傅浩轩，每次，当妈妈回北京时，你含着眼泪和不舍，却说"妈妈，加油!"的样子，是妈妈在困难中坚持下去的勇气来源。

感谢在我求学的路上，所有关怀、帮助、支持、鼓励我的亲人、师长、同学和朋友！

摘 要

兴起于20世纪80年代的语用能力研究，是随着应用语用学研究中的中介语语用学发展而出现的。中介语语用学是第二语言习得研究和语用学研究的交叉领域，其研究内容包括言语行为的产生、语用理解、语用能力发展、语用迁移等，其中的语用能力研究是目前中介语语用学研究的重点之一。

在语用能力研究的发展过程中，虽然已有学者意识到了文化的重要作用，但对于文化究竟如何影响和作用于语用能力的发展，尚未出现较为全面系统的研究。因此，在前人研究的基础上，本文结合语用学研究、语言与文化研究、第二语言习得研究和认知心理学研究，把文化语用能力的研究作为重点，从不同视角对其进行分析和解读。

在对相关文献进行总结和分析的基础上，研究主要围绕以下几个问题进行：基于本研究的文化语用能力如何定义？文化语用能力在交际过程中发挥了何种作用？如何从认知的层面阐释文化语用能力的作用及其发挥作用的过程？对于文化语用能力发挥作用的关键因素，即文化信息，如何从较中立、客观的视角对其进行解读？适合二语学习者的文化语用能力培养策略是什么？

通过对语用能力发展过程的总结梳理，本文认为，文化语用能力研究是语用能力研究中的一个重要维度。首先，文化语用能力是一种内化的能力，能够帮助学习者习得和学习文化信息；其次，文化语用能力也是一种知识使用的能力，这种能力在具体的交际环境中得到激活，并调用、匹配不同的社会文化因素发挥作用。

研究还对二语学习者进行了针对文化语用能力的问卷调查，从一个侧面验证了文化语用能力的存在及其在交际中的作用，分析二语学习者在文化习得和学习中可能存在的问题，以及产生这些问题的原因。

之后，研究构建了文化语用能力认知模型，从认知角度解释文化语用能力在交际中的作用，并对其认知心理加工过程进行阐释。研究认为，文化信息在认知系统中以图式、框架、脚本和文化模型的方式储存。当文化语用能力受到交际需要被激活时，这些信息能够被文化语用能力调用和匹配。研究同时指出，民族志语用学视角对文化的研究，有助于建立较为客观中立的、尽可能“去民族化”的图式、框架、脚本和文化模型，从而有利于交际的成功。

最后，研究提出了二语学习者文化语用能力的培养策略。按照文化语用能力认知模型中的阶段，研究把文化语用能力的培养策略划分为输入阶段的文化语用能力培养策略、储存阶段的文化语用能力培养策略和输出阶段的文化语用能力培养策略。在每个阶段中，参考 O'Malley 和 Chamot 的学习策略框架，分为元认知策略、认知策略和社交—情感策略，研究分别提出了各个阶段、各个层面的文化语用能力培养策略。

这一主要针对二语学习者文化语用能力的多视角研究，希望能从理论和教学实践上，为增强二语学习者的文化语用意识、培养文化语用能力有所帮助。

关键词：语用能力；文化语用能力；认知模型；民族志语用学；学习策略

ABSTRACT

The study of pragmatic competence began in the 1980s as a part of the research on inter-language pragmatics in the field of applied linguistics. As a cross field of second language acquisition and pragmatics, the contents of inter-language pragmatic study include speech act production, pragmatic comprehension, pragmatic transfer, and development of pragmatic competence. And the development of pragmatic competence is a key area in the current study.

In the study of pragmatic competence, although the importance of culture in pragmatic competence has been affirmed by some scholars, comprehensive and systematic research has not been made on how culture influences the development of pragmatic competence. Based on the previous study of pragmatics, second language acquisition and cognitive psychology, this thesis addresses the problem of cultural pragmatic competence. The analysis and interpretation are made from different perspectives.

On the basis of literature review, the study is designed to explore the answers of the following questions: How should cultural pragmatic competence be defined in this study? What are the roles of cultural pragmatic competence in the process of communication? What is the appropriate way to interpret the functions of cultural pragmatic competence and the process that it performs its functions from the perspective of cognition? Is there a neutral and objective way to interpret cultural information, which is the key factor in the function of cultural pragmatic competence? What are the strategies for the cultivation of second language learners' cultural pragmatic competence?

Through the analyses of pragmatic competence's development process, it considers that the study of cultural pragmatic competence is an important dimension in the study of pragmatic competence. Cultural pragmatic competence is defined as a kind of internalized competence which can help the acquisition and learning of cultural pragmatic knowledge. And it is also defined as an ability to use cultural knowledge. This ability can be activated by a real communicative activity, and be called and matched with different socio-cultural factors to realize its function.

And a survey is made on the second language learners' cultural pragmatic competence to validate the existence and function of cultural pragmatic competence. The possible problems in the process of the second language learners' acquisition and learning of culture are analysed. The corresponding reasons for the problems are also discussed.

A cognitive model is constructed for cultural pragmatic competence to explain its function in the process of communication and to illustrate the cognitive process. It is assumed that cultural knowledge is stored in the cognitive system in the forms of schema, frame, script and cultural model. And it is to be called by and matched with cultural pragmatic competence to realize successful communication when the latter is activated by the intention of communication. Besides, an ethnopragmatic perspective is adopted in this thesis to study cultural pragmatic competence, as it is helpful to form comparatively objective, neutral and "de-ethnocentric" schema, frame, script and cultural model in the cognitive system and to ensure successful communication.

Finally, some strategies are proposed for cultivating cultural pragmatic competence. As the development of cultural pragmatic competence is divided into different stages in the cognitive model, different strategies are provided for each stage of cultivating cultural pragmatic competence, i. e. the input stage, the storing stage and the output stage. And for each stage, the strategy is further divided into metacognitive strategy, cognitive strategy and socio-affective strategy with reference to the framework of learning strategy proposed by O'Malley and Chamot. These sub-strategies are provided for cultivating cultural pragmatic competence in different cognitive stages.

Conclusively, the multi-perspective study of cultural pragmatic competence is in the hope of strengthening second language learners' cultural pragmatic awareness and cultivating their cultural pragmatic competence theoretically and practically.

KEY WORDS: pragmatic competence, cultural pragmatic competence, cognitive model, ethnopragmatics, learning strategy

目 录
CONTENTS

图目录

表目录

第1章　绪　论

1.1　研究缘起

作为一门在20世纪60年代发展起来的语言学分支学科，语用学的研究经历了从哲学角度的探讨到语言语用的转变，从对单个语言现象的关注到从文化、社会、认知的不同角度去分析语言使用。语用学从最初被视为“杂物箱”，发展成为了一个拥有众多分支学科的全新研究领域，保持了理论探索和实际应用的齐头并进。

语用学的分支学科众多，划分方法不一。陈新仁（2011）把与语用学相关的研究划分为理论语用学、跨学科语用学、界面语用学和应用语用学四大类。理论语用学注重语言使用中基本问题的研究，包括语言的实质、意义、使用条件以及对语用现象的理论解释等；跨学科语用学强调语用学和其他学科的交叉研究；界面语用学强调语用学和语言学的其他分支之间的研究；而应用语言学关注的是语言实践活动中语用学理论的应用，研究领域涉及中介语语用学、习得语用学等。

兴起于20世纪80年代的语用能力的研究，是随着应用语用学研究中的中介语语用学发展而出现的。作为第二语言习得和语用学交叉领域研究的中介语语用学（有研究称过渡语语用学或语际语用学），起源于Kasper的著作《中介语语用学中的语用问题》（2011）（姜占好，2013a）。之后，Kasper和Blum－Kulka在《中介语语用学》一书中，认为中介语语用学研究的范围主要包括语用理解、言语行为的产生、语用能力的发展、语用迁移和交际效果（Kasper & Blum－Kulka，1993：4－13）。其中，关于学习者语用能力的研究成为近年来中介语语用学研究的重点之一。

很多学者都曾从不同角度对语用能力进行了定义（Chomsky，1965；Thomas，1983；Canale，1983；Bachman，1990；Kasper，1996；Kecskes，2012；何自然，2002；戴炜栋，2005）。在交际过程中，人们发现，语音、词汇、语法信息等语言规则的知识，并不能保证交际的成功，人们需要懂得在什么场合用什么方式该讲和不该讲什么话。因此，在特定语境下得体运用语言的各种条件和方式的能力，即语用能力至关重要。如果语用能力与语言知识能力不匹配，会出现词不达意、言不得体等语用失误。且相较于语言语法失误，本族语者更不容易原谅二语者在语用层面的失误。

在语用能力的构成方面，Bachman（1990）认为语用能力包括两方面：社会语言能力（sociolinguistic competence），即掌控语言使用的社会语言规约知识，言外能力（illocutionary competence），指如何实施言语行为的知识。这些分类中，文化作用都未被明确提出。张晶薇从语用教学的角度出发，把语用能力分成语用行事能力、语用推理能力、语用心理能力、语用文化能力、语用语境能力和语用效能能力（张晶薇，2007：172）。这是语用文化能力首次被放到了和其他构成要素同等重要的位置。但她并未在此基础上继续深入分析，也未能说明其提出的语用文化能力具体研究内容和特点。何自然等在对语用能力特征进行总结时，认为语用能力要在语用语言层面上遵守语言规则，在社交语用层面上注重文化差异，在心理认知层面上了解态度和行为的制约，在时空情境层面上讲究语境的限制（何自然，张巨文 2003：3－8）。但他们也仅限于对文化模因性的解读。

学者们从不同角度对语用能力进行分析，丰富了语用能力的理论和实践研究。但也发现，虽然有学者意识到了语用能力发展中文化的作用，但对于文化究竟如何影响和作用于语用能力的发展，尚未出现较为全面系统的研究。

1.2 研究的意义及创新点

美国语言学家 Sapir（1921：96）指出，语言运用是有背景的……语言不能离开文化而存在，这些从社会继承下来的习惯和信仰的总和决定了我们生活的性质。在中国，结合文化进行语言研究也有着悠久的历史。西汉的《尔雅》和东汉许慎的《说文解字》在收词析字中，都保存了大量的文化信息（游汝杰，2003：12）。罗常培（2004）认为，语言与文化的关系极为密切，不同民族的语言在一定程度上记录和反映了不同民族的文化风貌，而不同民族的文化，在一定程度上对语言的发展起着制约作用。

基于上述原因，本文在语用能力研究的基础上，提出文化语用能力的研究。张晶薇的语用文化能力定义为母语文化和汉语文化的相知、相容的能力，但并未对其进行进一步的阐释。首先，本文的文化语用能力，理论基础来自于 Bachman 的交际语言能力框架。此处的文化语用能力是语用能力研究的一个维度，是正确理解和实施言语行为的重要因素。本文认为，文化语用能力包括两个方面，一方面是学习者所具备的内化的、隐性的能力，它的存在不仅使学习者能习得和学习母语文化内相关知识，还使他们能够习得和学习非母语（包括二语和多语）文化知识，本文研究主要针对二语而言。文化语用能力的存在实现了学习者对母语文化知识和二语文化知识在认知系统中的感知、注意和记忆，又实现了母语文化知识和二语文化外知识通过认知系统中同化、顺化的作用，不断达到平衡并发展；另一方面，文化语用能力还包括对这种文化知识理解和调用的能力，即使用文化知识的能力。文化语用能力在具体的交际环境中，得到激活，并调用、匹配不同的社会文化因素进行输出，与语用能力其他部分和语法能力共同作用，顺利完成交际。对于二语学习者来说，激活其文化语用能力的母语文化因素和第二语言的文化因素都可以通过习得和学习而获得。由于文化语用能力根据交际需要匹配相应的文化知识并输出，如果出现负面反馈还需重新进行信息加工，因此，研究认为交际者所输入的文化知识和信息应尽量是真实而客观的。本文提出文化语用能力并以此作为研究内容，并非忽视语言能力的重要作用，文化语用能力作用的实现，是离不开语言交际的大前提的，这一点在后文也会有相应论述。

其次，本文试图从认知的视角对文化语用能力进行分析。由于文化语用能力属于第二语言习得和语用学交叉领域的中介语语用学研究范围，分析参考了 Gass 和 Selinker 所创建的第二语言习得整合观的部分观点，结合文化因素在认知系统中生成感知、注意和记忆的过程，建立文化语用能力认知模型，分析文化语用能力发挥作用的过程。并且，研究认为图式、框架、脚本和文化模型是文化信息在认知系统中的主要存储方式。由于文化语用能力需要调用、匹配相应的文化知识，因此，上述存储方式的准确性和有效性是文化语用能力发挥作用的关键因素。

第三，本文尝试从民族志语用学的视角，解读存储于认知系统中的文化信息，以及受特定文化信息影响的词语和言语行为，拟帮助学习者在认知系统中建立尽量“去民族化”的、较为客观的图式、框架、脚本和文化模型，以便在具体的交际过程和动态语境中，文化语用能力所调用、匹配的文化信息更加客观，使学习者对其进行更加准确地判断，并实现成功交际。民族志语用学的视角不同于以往语用研究中的普遍主义范式，它采用尽量中立、客观的视角对文化因素进行分析。普遍主义语用学认为人类的交际受一系列的普遍规则的制约，文化间的不同被描述为假定的泛人类交际共性的局部调整和识解。但正如向明友（2009）所述，这些研究都“透出盎格鲁民族中心主义”，不可避免地对某些民族的语言和文化带有一定的偏见，或者认为局部文化间的差异是不明显，甚至是可以忽略的。但文化并无优劣、强弱之分，不同文化间的差异也是显而易见的。普遍主义的语用学无法用某种社会规约作为所有文化的基准，并在其原则下指导言语行为。如何以一种比较中立的视角，对文化进行尽量“去民族化”的研究和描述，用比较中立的方式解释特定文化以及受特定文化影响的言语行为，使学习者尽量从较客观的角度了解其他民族的文化，是民族志语用学研究的重点。

民族志语用学的研究动力来源于研究者对文化内部解释的关注。在普遍主义语用学思想占主导地位的同时，一些研究者开始结合言语行为，关注文化内部解释，对“民族中心主义”倾向的普遍主义语用学思想进行了质疑。民族志语用学的研究方法最早由 Wierzbicka 提出，她首创了自然语义元语言的描述方法，使用各种语言和文化共享的语义基元（semantic prime）作为语义和语用描写的基础词汇，创建文化脚本对文化进行内嵌式的解读。作为民族志语用学研究基础的语义基元是释义的最简词汇。Wierzbicka 及其同事，经过反复的词汇—概念分析试验，确定了最小的一组基本概念，并使用它们对其他词汇和概念进行释义和说明。语义基元具有不可定义性、普遍性和可验证性。语义基元的提取非常艰难和缓慢，目前已提取出的语义基元如表 1 - 1（Goddard，2008：61）所示。

在语义基元提取的基础上，需要将语义基元组成符合普遍语法意义和概念意义的句子，并建立文化脚本，使文化得到理解和传递。文化脚本是通过元语言进行解释的一种方法，即使用普遍语义原词，体现特定社会中被广泛认可的文化规约（cultural norms），按照 Wierzbicka 的说法，文化脚本是“一幅朴素的世界绘画”。

表 1-1 语义基元列表

类别	语义基元
名物类（Substantives）	I，YOU SOMEONE/PERSON SOMETHING/THING PEOPLE，BODY
关系类（Relational Substantives）	KIND，PART
限定类（Determiners）	THIS，THE SAME，OTHER/ELSE
数量类（Quantifiers）	ONE，TWO，SOME，ALL，MUCH/MANY
评价类（Evaluators）	GOOD，BAD
描述类（Descriptors）	BIG，SMALL
心理/经验谓词类（Mental/Experiential Predicates）	THINK，KNOW，WANT，FEEL，SEE，HEAR
言语类（Speech）	SAY，WORDS，TRUE
行为、事件、运动、接触类（Actions，Events，Movement，Contact）	DO，HAPPEN，MOVE，TOUCH
方位、存在、拥有、规格类（Location，Existence，Possession，Specification）	BE（SOMEWHERE），THERE IS/EXIST，HAVE，BE（SOMEONE/SOMETHING）
生死类（Life And Death）	LIVE，DIE
时间类（Time）	WHEN/TIME，NOW，BEFORE，AFTER，A LONG TIME，A SHORT TIME，FOR SOME TIME，MOMENT
空间类（Space）	WHERE/PLACE，HERE，ABOVE，BELOW，FAR，NEAR，SIDE，INSIDE
逻辑概念类（Logical Concepts）	NOT，MAYBE，CAN，BECAUSE，IF
强调类（Augmentor，Intensifier）	VERY，MORE
相似类（Similarity）	LIKE

民族志语用学重视社会文化因素和处于不同民族背景下的语言使用者的意识形态对言语行为的影响，并从不同民族和文化的个性来进行研究。民族志语用学认为言语交际的成功不仅是人类共同遵守的语用规则，更是其背后特定文化的作用。因此，从民族志语用学视角出发的研究，会更重视语言背后的文化对言语行为的影响，并在文化语用能力的培养中，考虑到不同文化所造成的语用差异，使二语学习者不仅仅知道"是什么"，更理解"为什么"。

本研究的意义在于，研究者们对语用能力关注的同时，没有系统地阐释语言背后的特定文化是如何导致了语言和理解的不同，也没有涉及语用能力的培养中，为什么要"这样教""这样学"的问题。因此，本研究的创新点之一，是提出了文化语用能力的研究并对其进行本文的定义。本文认为，文化语用能力是语用能力研究的一个维度，它更加强调语言背后的文化在语言发展的某种程度、层次上所起的制约作用。学习者不仅要知道某种言语方式的独特之处，更要追寻其背后深层的文化原因：为什么不同民族、文化的人用这种独特的方式表达？什么原因促使他们这样做？并探讨文化的不同所导致的理解和交际的不同。

第四，本文拟构建文化语用能力认知模型，从认知和神经的视角对其进行解读。试图解释文化因素如何被感知和注意，并通过一系列的认知过程储存于记忆中。当文化语用能力受交际需要激活后，这些文化因素如何被文化语用能力调用和匹配，辅助交际成功。在对文化语用能力进行定义、解读和分析的基础上，对文化语用能力认知过程的解读，有助于学习者了解文化语用能力如何发挥作用，文化信息如何在认知系统中得到储存和巩固，文化语用能力如何对信息进行匹配和输出，又如何针对输出中错误进行修正和调整。

第五，不同于语用学普遍主义的理论解释，本研究拟采用民族志语用学研究视角对文化以及受特定文化影响的词语和言语行为进行分析和解释，这是语用学和文化研究的新视角。方法来自于 Wierzbicka 和她的同事发展起来的自然语义元语言（Natural Semantic Metalanguage，简称NSM）方法，即运用自然语义元语言建立文化脚本进行文化规约的描述。文化脚本对文化词语和文化价值观的详尽阐释，是尽量接近自然语言的元语言描述，避免了民族中心主义倾向，这也是民族志语用学研究的独特之处。

1.3 研究方法

在研究过程中，本文首先采用文献研究法对语用能力的研究历史和现状进行总结，对民族志语用学的相关研究进行阐述，并在此基础上提出文化语用能力的概念。

其次，量化研究方法的使用。本文认为无论是在母语文化习得和学习中，还是在第二语言文化的习得和学习中，文化语用能力都是存在的。但在二语学习者学习第二语言和文化的过程中，文化语用能力表现得更为明显，并且对交际是否成功的影响也表现得更为突出。因此，研究对在中国学习汉语的留学生和在国内学习英语的中国学生进行问卷调查，验证文化语用能力的存在及作用。文化语用能力在本文中首先被定义为一种内化的能力，能够帮助学习者习得和学习文化信息。同时，它也是一种文化知识和信息使用的能力，这种能力能在具体的交际环境中得到激活，并调用、匹配不同的文化因素发挥作用。它是语用能力研究的一个维度，会影响交际的成功与否。因此，验证文化语用能力的有效性是本文相关分析的基础。在其有效性得到验证，并在相关数据分析的基础上，才能进行下一步的文化语用能力的分析。

最后，本文采用定性的研究方法。研究以某些文化词语和具体言语行为为例，从民族志语用学的视角对其进行分析。在有关材料收集和掌握的基础上，通过充分观察语言事实，形成特定文化下有关具体文化词语和言语行为的文化脚本解读，提供文化语用能力研究的新视角。

1.4 研究框架

本研究共分七章。

第一章是绪论。由研究背景、意义、创新点、研究方法和研究框架组成。介绍语用能力的定义及构成要素，分析目前语用能力研究的成果及不足，提出文化语用能力的概念，拟从认知和民族志的视角对其进行解读，简介研究方法，勾勒出论文的大体框架。

第二章是研究综述。本章拟分为对语用能力、民族志语用学的相关研究进行综述。首先，对语用能力的定义、理论基础及目前语用能力研究的不足之处进行总结；其次，由于民族志语用学是语用学和文化研究的一个全新视角，且从民族志语用学视角对受特定文化影响的词语和言语行为的分析，紧密联系文化语用能力认知模型的建立和文化语用能力的培养策略，因此，在研究综述部分，拟对民族志语用学理论基础、研究方法等进行概述。

第三章是文化语用能力概念的提出及特点分析。首先，本章拟分析文化的特点及其与语言、思维的关系；其次，根据本文研究，对文化语用能力进行定义。文化语用能力不但是学习者内化的能力，能够帮助学习者习得和学习文化信息。它也是一种知识使用的能力，这种能力在具体的交际环境中得到激活，并调用、匹配不同的文化因素发挥作用。之后，本章拟对文化语用能力进行验证分析。拟采用语用能力研究中常用到的数据收集方法之一，即调查问卷法验证文化语用能力的有效性，并通过相关数据分析进一步说明文化语用能力与其他相关能力的关系，为下一步的分析奠定基础。

第四章是从认知和神经的视角对文化语用能力的解读。本章拟建立文化语用能力认知模型，试图解释文化因素如何被感知和注意，如何通过一系列的认知过程储存于认知系统中，以及在此过程中文化语用能力发挥的作用。并对文化语用能力受交际需要激活后，调用、匹配相关文化信息的认知过程进行阐释。研究将通过分析，对文化信息在认知的存储方式—图式、框架、脚本和文化模型进行解读。最后，拟从神经学视角，对认知模型进行辅助解读。

第五章拟提供从民族志语用学视角对特定文化中的词语和言语行为的解读。首先是民族志语用学在文化词语层面对文化的解释。本章在国外学者相关研究的基础上，结合其研究成果，将汉语中与之对应的文化词语建立文化脚本进行解读；其次，研究将选取受特定文化价值观影响的道歉言语行为进行分析，并做出民族志语用学视角的解读，为认知系统中建立较为客观的图式、框架、脚本和文化模型提供新的研究思路，致力于文化语用能力的培养和提高。

第六章是文化语用能力的培养策略。本章结合文化语用能力认知模型中的阶段，拟把文化语用能力的培养策略划分为输入阶段的文化语用能力培养策略、储存阶段的文化语用能力培养策略和输出阶段的文化语用能力培养策略。在每个阶段中，参考 O'Malley 和 Chamot 的学习策略框架，分为元认知策略、认知策略和社交—情感策略，分别提出各个阶段、各个层面的文化语用能力培养策略。

第七章是结论，总结本研究的利弊得失，并框定后续研究的方向。

1.5 小　结

本章主要介绍了本文的研究缘起、研究的意义、创新点、研究方法以及研究框架。随着目前语用能力研究的不断深入，文化语用能力作为语用能力研究的一个维度，应该受到学习者的重视。尤其在二语学习中，文化语用能力的作用表现得更为明显。如何定义文化语用能力，如何从认知的角度对文化语用能力发挥的作用进行阐释，如何从全新视角分析文化因素，并对受特定文化因素影响的词语和言语行为进行解读，如何着重培养二语学习者的文化语用能力，成为本文关注和思考的问题。

第 2 章　研究综述

本文的文化语用能力研究，是在语用能力相关研究的基础上提出的。因此，本章将就语用能力的相关内容进行总结和分析，包括语用能力概念的提出、分类、国内外研究现状等。

并且，本文拟提出文化语用能力研究的民族志语用学视角。研究将在对文化语用能力认知分析的基础上，采用民族志语用学中自然语义元语言的描述方法，建立文化脚本，对特定文化因素及受其影响的词语和言语行为进行深层阐释。此方法有助于认知系统中图式、框架、脚本和文化模型的建立。因此，在综述部分，将对民族志语用学中自然语义元语言理论的学术背景、基本观点、民族志语用学的研究方法、目标以及研究现状等进行概述。

2.1　语用能力的相关研究

本小节介绍语用能力在中介语语用学中的相关研究。主要包括四部分：语用能力的提出、语用能力的定义、语用能力的分类和语用能力国内外研究现状。本文的文化语用能力概念是在语用能力相关研究基础上提出的，学者们对语用能力的理解和分类，为本文文化语用能力的定义和特点分析奠定了基础。由于学者们对语用能力的不同分类方法，出现了一些与文化相关的术语，本章拟将文化语用能力与这些术语进行比较和区分，进一步明确本文的研究内容和特点。并且，从国内外语用能力的研究中，可以发现，虽然有学者提出了语用能力研究中文化的重要性，但仍缺少与之相关的系统研究。因此，本小节也会就上述问题进行阐释和分析。

2.1.1 语用能力的提出

20世纪60年代，Chomsky在其著作《句法理论的若干问题》（Aspects of the Theory of Syntax）中首先提出了“能力”的概念，并区分了能力（competence）和运用（performance）。他认为能力是说者和听者语言的知识，运用是具体语境下语言的使用（Chomsky，1965：4）。Chomsky认为语言能力是抽象的语法，是本族语者内化了的语言系统；而语言运用是语言能力的现实表现，是话语理解和产出时的心理因素。相比之下，他更关心的是语言能力。

70年代，美国社会语言学家Hymes认为，Chomsky的语言能力和语言运用的理论区分并未考虑到语言在社会交际中的运用和在特殊环境下相关话语的适用性问题。因此，他提出了交际能力（communicative competence）（Hymes，1972：269－293）的概念，他认为人的交际能力依靠语言知识和语言使用。并且交际能力包括四个参数，即形式上的可能度（degree of possibility）、实施手段上的可行度（degree of feasibility）、语境中的合适程度（degree of appropriateness）和在现实中的出现程度（degree of performance）。前两点是对语言能力内涵的扩展，后两点考虑的是言语行为是否得体、可否发生。语言知识具有以上的四个参数，同样的语言使用也具有这四个参数。Hymes认为要想获得交际的成功，人们不仅要具备语言规则的知识，还要懂得在什么场合用什么方式该讲和不该讲什么话。黄国文（1991）认为，Hymes所提出的“能力”

大于 Chomsky 提出的“能力”，因为他的“能力”不但包括 Chomsky 的“知识”，还包括应用“知识”的技能。

Widdowson（1989）认为 Hymes 提出交际能力的概念是相对于 Chomsky 的语法能力而来的。但两人研究的重点是不同的：Chomsky 关注的是语法，是语言使用的规则，而 Hymes 更强调的是语言使用。他所讲的形式上的可能性相当于语法能力，其他部分则归属于语用能力。Hymes 的交际能力虽然与语境和目的联系起来，但仍然是一个静态的、抽象的和理想化的概念（姜占好，2013a：37）。

Hymes 建立的交际能力模式，以及之后的 Canale 和 Swain、Bachman 的交际能力模型，使二语学习从教学法开始转向语言交际的学与教，从而使 20 世纪 80 年代掀起了对语言学习者语用研究的热潮（Schauer，2009：15）。

20 世纪 80 年代，Canale 和 Swain（1980：27）在研究二语教学和 Hymes 交际能力的基础上，建立了包括语法能力、社会语言能力、策略能力和篇章能力在内的交际能力模式。此模式由 Canale 和 Swain 在 1980 年建立，Canale 又在 1983 年进行了调整（Canale，1983：333－342）。1980 年的 Canale 和 Swain 交际能力模式，首先区分了语法能力和社会语言能力。语法能力主要涉及如何正确理解和表达话语字面意思的知识，以及在句法层面上组成句子的能力；社会语言能力是在特定的社会文化背景下依据诸如话题、参与者、环境和互动规约等语境因素正确理解和恰当表达话语。1983 年 Canale 又进一步区分了策略能力和篇章能力（Canale，1983；Bachman，1990：85）。策略能力指如何使用不同交际策略，如言语和非言语的策略来化解交际中的失误；篇章能力是口语和书面语中衔接和连贯的知识。这是第二语言教学中交际教学法的基础，也是第一个关于交际能力的模式。Canale 和 Swain 认为，四个组成部分是二语学习者交际的基础。但有学者指出，虽然 Canale 和 Swain 认为这四个组成部分是二语交际需要的基本因素，但他们并未对组成部分之间的关系进行进一步的探索（Usó - Juan & Martínez - Flor，2006：11）。还有学者认为他们的模式并未考虑到语用对交际的影响。但戴炜栋认为，该模式中的社会语言能力实际上包含的语用因素（戴炜栋，2005b：1 -5）。本文认同他的看法，因为Canale和Swain把社会语言能力定义为在特殊语境下社会文化规则知识的运用（the knowledge of the sociocultural rules of use in a particular context）（Esther Usó - Juan & Alicia Martínez - Flor，2006：27）。

值得注意的是，Canale和Swain针对Kempson把交际能力划归语言运用（performance）发表了看法。Kempson说，一种关于语言规则性的理论是能力理论（competence theory）；一种关于语言特征描述和所有决定了交际规律性因素之间互动的理论是运用。因此，她认为交际能力是有关运用的理论。Canale和Swain赞同Kempson把语法能力划为能力，把交际能力划为运用的观点，但他们不赞同她把社会语言能力从能力的范围划分出去。他们认为，社会语言能力和语法能力一样，存在着规则控制的、普遍的、创造性的特点。而且，他们认为，在交际能力的学习中，社会语言能力和语法能力同样重要。“我们有理由假设，语言使用者的语法知识和语言使用知识都能通过他们的运用，在实现过程中得以抽象，并且能排除运用中不必要的，或者非特异性的特点而进行独立的研究”（Canale & Swain，1980：6）。

之后Savignon的语用能力模型，在构成上与Canale和Swain的相同，也包括四种能力，但她的模型成一种倒金字塔型的结构，由于能力之间的相互性，一种能力的增长会对整个交际能力的提高产生影响。甚至于一个没有语法能力的人，只凭借其社会语言能力和策略能力，也可以使交际能力提高，例如不使用任何语言而借助手势和面部表情等非语言交际的形式（转引自Esther Usó - Juan & Alicia Martínez - Flor，2006：12）。

综上所述，虽然Canale和Swain，Savignon的交际能力模型在80年代盛极一时，但在两个模型中，语用能力仍未被明确提出，只是通过他们的定义可以发现，语用是交际能力中包含的因素之一。

最终把语用能力作为交际能力一部分的研究始于 Bachman。Bachman 认为，已经提出的交际能力模型仍是静态的系统，不但没有涉及这些成分间的相互作用，也没涉及语言使用者是如何运用交际能力实现和语言场景、交际者的相互作用。因此，在 20 世纪 90 年代，Bachman 丰富和发展了 Canale 和 Swain 的交际能力，并且用术语交际语言能力（communicative language ability）取代了 Hymes 的交际能力（communicative competence）。Bachman 的交际语言能力包括三大部分：语言能力、策略能力和心理生理机制（Bachman，1990：84－87）。语言能力中包括组织能力和语用能力，前者又分为语法能力和语篇能力，后者又分为社会语言能力和言外之力。这是语用能力的概念第一次被明确提出。Bachman 语言能力的构成具体如图 2－1 所示。

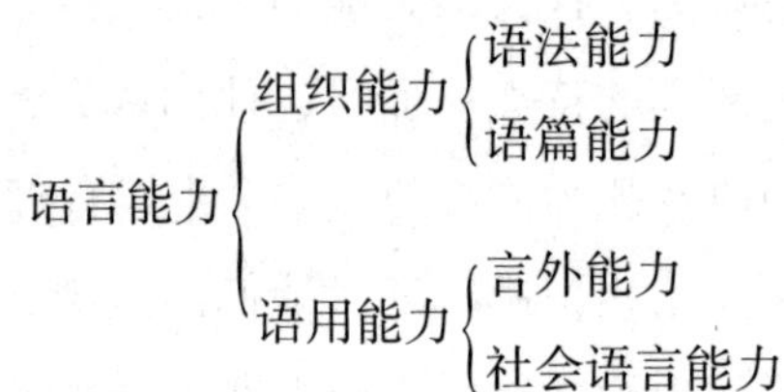

图 2－1　Bachman 的语言能力构成成分（Bachman，1990：87）

因此，Bachman 的交际语言能力模型中，虽保留了 Canale 和 Swain 交际能力中的语法能力、社会语言能力和篇章能力，并统一合并为语言能力，但它们属于不同的部分。还保留了策略能力，又增加了心理生理机制（Bachman，1990：84）。图 2－2 显示了 Bachman 语用能力的构成成分与 Canale 和 Swain 的不同之处。

值得注意的是，Bachman 指出，其使用的术语“交际语言能力”（communicative language ability）与 Hymes，Canale 和 Swain，Savignon 提

出的交际能力（communicative competence）是一致的。Bachman 的能力（ability）包括了语言的知识和能力，以及实施或使用这种能力的能力（Bachman，1990：81）。Bachman 语用能力的两方面中，社会语言能力主要包括对方言、语域、话语地道和文化所指的敏感度。而言外能力则包括表意功能、操作或控制功能、启发功能和想象功能等。那么，Bachman 的语言能力概念已经超出了 Chomsky 当时所定义的抽象的语言能力的范围，因此，本文认为 Bachman 对语言能力的划分，使语言能力既包括一种内化的对知识使用的能力，也包括对这种能力的外部使用。

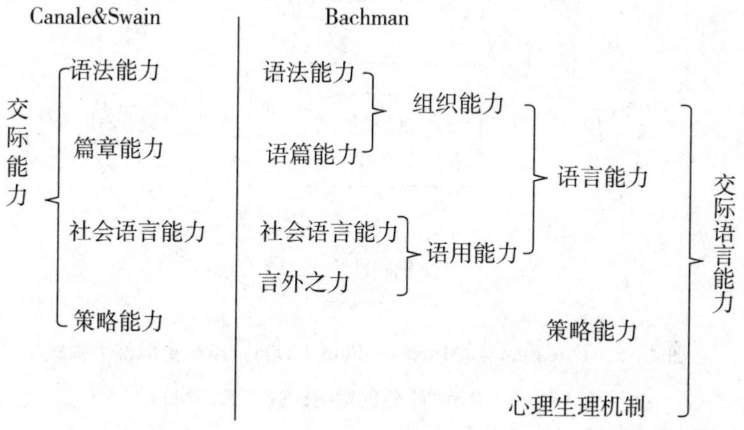

图 2 –2　Canale 和 Swain 与 Bachman 交际能力构成成分比较

针对 Bachman 的交际语言能力中没有考虑到各个组成部分之间关系的情况，Usó – Juan and Martínez – Flor（2006：16）中提出了新的交际能力的模型，更加注重不同组成部分间的相互关系。她们的模型结合了语用能力和跨文化能力，突出了四种技能对语篇能力的作用，如图2 –3 所示。

值得一提的是，Usó – Juan 和 Martínez – Flor 把文化间能力作为了交际能力的一部分。她们认为，文化间能力包括文化因素和非语言交际因素。前者是有关目标语社团社会文化知识、方言知识和文化间知识，后者包括非语言的符号知识，如体态语、空间距离或是沉默。从这个角度看，她们认为文化间能力也可以叫作社会文化能力。并且，Usó – Juan 和 Martínez – Flor 认为，从二语学习的角度看，文化知识不仅包括自身的文化，也包括目标语的文化。因此，在对能力的命名上用“文化间”代替了“文化”。文化被放到了一个和其他能力同等重要的位置，这是 Usó – Juan 和 Martínez – Flor 交际能力研究的一个突破。她们认为，文化间能力实际是学习者自身文化和目标文化的知识。

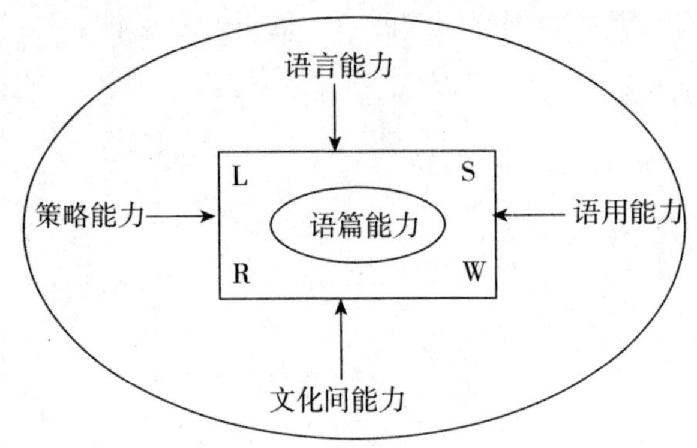

图 2 – 3 Usó-Juan 和 Martínez-Flor（2006：16）交际能力构成

（L、S、R 和 W 分别指听、说、读、写）

综上所述，语用能力的提出经历了 Chomsky 对语言能力和语言运用的区分，之后出现 Hymes 的交际能力模式，但语用能力的概念未被明确提出；后经过 Canale 和 Swain 的发展形成交际能力模型，最终在 Bachman 的交际语言能力模型里，语用能力作为交际语言能力的组成部分被提出。而后，Usó – Juan 和 Martínez – Flor 的交际能力模型中，包括了语用能力，也凸显了文化间能力，但这种文化间能力仍停留在文化知识的层面，这也是在下文分析中会提到的文化语用能力概念和文化间能力的不同。

2.1.2 语用能力的定义

从语用能力概念的提出可以看出，语言学多个领域展开过关于语用能力的探讨。但因研究的出发点和目的不同，对语用能力的定义、分类和理解存在一定的差异。本节就各领域研究者对语用能力的定义及分类进行分析和总结。

Chomsky（2005：224，转引自徐海铭，1995：102－105））认为，语用能力和语法能力构成语言能力，语用能力是“恰当使用语言的各种条件和方式的知识”的能力。而且，他认为从理论上来讲，一个人如果只具备语法能力，尽管他的句法和语义是完整的，但他却不具备恰当地运用语言的能力。只有语用能力和语法能力互相合作才能使语言使用者成功地使用语言和理解语言。

Thomas（1983：91－112）首先明确语用能力并非交际能力的同义词。语用能力是为了实现某一特定目的而有效地使用语言和在语境中理解语言的能力。

Bachman（1990：89）认为，交际中语言信号的组织，以及这些信号是如何用来指称人、物、思想和感情，即符号和它们指称对象的关系讨论属于篇章能力。而在交际语言使用中，除了这些符号和指称对象的关系外，语言使用者和他们交际环境的关系则是语用能力研究的范围。并且，Bachman 认为语用能力属于交际能力的组成部分之一。

Kasper（1996）认为，语用能力是理解和产出交际行为的能力。这一概念经常包括对社会距离、说话者的社会地位、诸如礼貌的文化知识、语言知识的所有的隐性、显性的意识（转引自 Kecskes，2012：602）。

Kecskes 认为，语用能力是以社会距离，说话者社会地位，文化知识（包括礼貌）和语言知识等意识为条件，理解和产生交际行为的能力（Kecskes，2012：19）。并且他认为，应当区分中介语语用学（interlanguage pragmatics）和跨文化语用学（cross－cultural pragmatics）的不同，在研究中它们经常被混用。而按照 Kecskes 的观点，语用能力应该属于中介语语用学的范畴。中介语语用学的研究重点在于二语中语用规范的获得和使用，即二语学习者如何产出和理解言语行为，如何培养语用能力。

Recanati（2012：135）认为，语用能力是通过说话人的话语来理解其想表达的意思的能力。并且，他认为语用能力和所谓的“心理理论”（theory of mind）相关，人们可以通过他们看到的其他人的思想意图来解释他人的行为。

中国学者对语用能力的定义都不约而同地提到了语境的敏感性以及它在研究中的重要性。刘绍忠（1997a：76）认为，语用能力是交际者在对语境认识的基础上，能正确理解他人意图，并准确表达自己意图，实现交际成功的能力；何自然（2002）认为语用能力是在语境中恰当使用语言和正确理解语言的能力；戴炜栋（2005b：3）认为，语用能力可以理解为识别语境并在语境中准确地理解别人和得体地表达自己的能力。

根据上述语用能力的定义，可以发现，语用能力的研究基本是在交际能力的框架下进行的，研究逐渐侧重于语用学习作为知识加工的过程，尤其关注注意、意识的输入和元语用知识的使用。因此，本文尝试对语用能力做出这样的理解：语用能力既包括学习者已经内化的对语用知识学习和掌握的能力，又包括在交际中对这些语用知识调整和使用的能力。并且，语用能力和语法能力都对交际能力起着重要的作用。语用能力的发挥需要根据言语交际的语境，为完成某一特定目标而采用合适的表达方式。

2.1.3 语用能力的分类

在语用能力的分类上，也存在着不同方法。虽然 Leech（1983）在

《语用学原则》（Principles of Pragmatics）中没有明确提及语用能力的问题，但他把普通语用学分为语用语言学和社交语用学，也是对多年来只重语言研究，不重语用研究现象的一种突破。他在书中首先定义其研究范围是普通语言学，是排除了在语言交际使用中，由于社会环境和社会阶层等原因形成的不同文化，排除了语言社团在言语交际过程中有差异情况的研究。而对上述情况的研究，被他定义为社交语用学，是语用学的社会-逻辑层面（Leech，1983：9-10）。因此，他把普通语言学分为语用语言学（pragmalinguistics）和社交语用学（sociopragmatics），前者与语法相关，后者与社会学相关。Leech 认为，不管是与语言相关的语用语言学习还是与文化相关的社交语用学习，都是必需的，但他未在此基础上继续分析。

Widdowson（1989：128-137）在总结 Chomsky 和 Hymes 有关能力概念及分类的基础上，把能力分为知识（knowledge）和技能（ability）两部分。前者可被重新定义为语法能力（即 Hymes 交际能力中形式上的可能度参数），后者被重新定义为语用能力（即 Hymes 交际能力中的其他三个参数）。语用能力又细分为语用语言能力和社交-语用能力。

Bachman（1990）把语用能力分为社会语言能力（sociolinguistic competence）和言外能力（illocutionary competence）。社会语言能力包括了方言的敏感度、语域敏感度、话语地道敏感度、文化所指和修辞语言敏感度。这里的文化所指是在语言使用中，特定的事件、场合、机构或人在特定文化中引申意义的知识。言外能力包括表意功能、启发功能、想象功能和操控功能。操控功能又具体分为工具功能、调节功能和互动功能。

从国外学者对语用能力的分类可以看出，语用能力从语言能力中分离，逐渐作为一个独立的研究内容，并不断被细化。文化被包括在社会语言能力范围内，作为语用能力研究的组成部分。但在后文对语用能力研究的综述中可以发现，文化并未在语用能力研究中作为一个独立且重要的部分受到研究者的重视。

国内学者在语用能力研究中，基本延续了国外对语用的分类方式（黄国文，1991；戴炜栋，2005a；戴炜栋，2005b；洪岗，1991；洪岗，2005b）。何自然（1986）把语用能力分为语用表达能力和语用理解能力。刘绍忠（1997a）把语用能力分为语境认识能力、表达能力和语用理解能力。这两种分类方法延续了中国学者在对语用能力定义时注重语境的传统，并开始从听话者角度考虑语用问题；李怀奎（2013：13）认为，语用能力可以根据不同的标准进行分类：如按语言和交际功能划分的语用语言能力和社交语用能力，按语言层次划分的词汇语用能力、话语语用能力、语篇语用能力等。在随后的分析中，他强调了能力的动态性、语境的认知性以及社会文化对语言运用的影响，但他并未把文化能力作为一个独立的研究主题提出；张晶薇（2007）对语用能力的六分法中，把语用文化能力认为是交际者对母语文化和二语文化的相知和相容的能力。她认为语言教学必须以文化为导向，但在随后的分析中并未继续阐述语用文化能力是如何发挥其作用的。

2.1.4 国内外语用能力研究综述

刘绍忠认为，进入90年代后，中介语语用学的研究可归纳为八个方面，其中之一就是第二语言语用能力的形成和发展。相关研究涉及语用学、二语习得、社会语言学、认知语言学、生理学、心理学甚至统计学等诸多学科的内容（刘绍忠，1997b：74）。本文着重对此部分研究进行归纳和总结。

国外关于语用能力的研究主要集中在以下几个方面：

在语用能力作为独立的研究内容提出的初期，研究多集中于语用能力定义、分类和特征的描写方面。如上文所述，语言学家根据研究目的的不同，从知识性层面、交际能力层面、跨文化层面和心理层面等对语用能力进行定义。而且，对语用能力的分类也据此产生不同的标准，如从语言和交际功能的分类、从知识和行为层面的分类、从言语行为理论层面的分类等。

其次，针对语用能力的发展过程，以及对二语学习者的影响，不同学者也进行了概述（Kasper & Schmidt，1996；Kasper，1992，2001；Schauer，2009）。Kasper（1992：204）提出了当时中介语语用学研究中存在的问题：重点在语言使用上，没有过多关注发展问题。Bardovi - Harlig（1999）建议在过渡语语用学的研究中要包括习得的研究。Kasper（2001：502 - 530）回顾了中介语语用学发展阶段中不同方法对二语习得研究的贡献，文中她并未使用 pragmatic competence 这一术语，而是用 pragmatic ability 代替。分析中，针对 Schachter 提出 Canale 和 Swain 交际能力框架中语用能力没有包括在内的疑问，Kasper 解释说，社会语用能力被定义为“在语境中产生和识解社会的恰当语言的能力”，语用能力实际已包括在内，只是没以它的名字出现而已。她认为在目前语言研究的社会化阶段，主要探讨文化和语用知识是如何通过学习者参与的经常性情景活动而共同习得的。Kasper 虽然认识到在社会文化下研究语用学习，但是其中的社会文化理论和语言社会化只是强调在特定历史背景下的互动有帮助语言使用的发展作用，并未专门从文化的角度对语用能力进行分析。

第三，研究还包括语用能力是否可教的讨论。既然语用能力是中介语语用学研究的重点之一，并在二语习得产生影响，那么语用能力是否可教？Kasper（1997）在“语用能力是否可教?”（Can Pragmatic Competence Be Taught?）中做出了非常详细的回答。按照 Kasper 的观点，不管是语言能力或是语用能力，都是不可教的。因为能力是学习者本身具备、发展、使用或丢失的一种知识。她认为由于一些语用知识是具有普适性的，一部分成年的非母语者确实自然地获得了这些相关知识，另一部分知识则由于一语和二语之间的相互作用，来自于他们的母语迁移，这些正迁移帮助了二语学习者获得了部分社会语用知识。但她指出，虽然成年二语学习者拥有上述语用信息，但他们却并未在实际中加以应用。而应用的过程，需要教学的干预。其目的不是增加新信息，而是让二语学习者意识到他们所掌握的信息，并鼓励他们把这些来自于普适性的，或者一语正迁移的语用信息运用到二语语境中。而且，她通过干预性研究发现，语用能力确实可以通过有计划的课堂活动得以系统发展。后续研究发现，二语语用教学能够加速学习者语用能力的发展，并且显性教学的效果要优于隐性教学。Bachman（1996a）也认为语用能力并不是语法知识和语篇组织的附属，而是与语言形式和语篇知识互相协调，并通过复杂的方式作用于组织能力。他认为二语的语用能力必须得到发展。但把语用能力的发展作为二语学习的一个目标并不等于说语用能力需要得到特别的关注或教学。对语用能力是否可教的讨论为后文文化语用能力如何得以系统发展的策略研究奠定了基础。

第四，虽然能力不可教，但有针对性的语用教学确实对二语中、高级学习者语用能力的发展有促进作用。学者们从不同角度对此问题进行了阐释（Porter，1986；Olshtain & Cohen，1990；Wildner - Bassett，1994；House，1996；Rose，1997；Bardovi - Harlic et al.，1998；Garcia，2004）。Porter（1986）的研究发现，小范围内的非母语者之间的交流不能提供充足的、能被社会认可的、有关意见的恰当表达方式，这说明任务型语言学习可能会阻碍语用能力的发展；Rose（1997）提出虽然有关语用的研究提供给潜在的学习者许多语言使用和诸如语用能力这种核心概念的理论框架，目前我们仍缺乏一种关于语言使用和对语用能力全面而可靠解释的理论。因此，Rose 提出了进行教师教育的语用意识培养（pragmatic consciousness - raising）方法；Garcia（2004）也在研究中发现语境知识和语言特点等都会对言语行为产生影响，因此提出了在学习过程中学习者语用意识培养的重要性。并且，她把中介语语用能力的发展研究看作一个动态的、不断提高的过程；Bardovi - Harlic 和 Dornyei（1998）针对二语学习者语法能力和语用能力的发展问题展开了研究。她们使用包括20个不同场景的录像带对匈牙利、美国和意大利的ESL（英语作为第二语言）和EFL（英语作为外语）教师和学生进行调查，结果显示EFL学习者和教师认为语法错误要远比语用错误严重，而ESL学习者和教师则相反。据此，他们提出了在教学过程中要重视语用意识程度的培养；另有研究者着重从实证研究的角度对二语语用能力的培养进行探索和描述，包括在不同国家、不同情境下、不同年龄的二语学习者的各种常见的言语行为，如请求、拒绝、道歉、赞扬、批评等的横向和纵向研究。（Olshtain，1990；Cohen，1996；Shoi-chi Matsumura，2001；Warga & Scholmberger，2007；Masuyo Ito，2012；Yesim Bektas – Ceninkay，2012）。

最后，国外的研究还包括语用能力的测试问题。Oller提出了语用水平测试（pragmatic proficiency test）的概念，并提出在测试中应引入具体的语言使用环境，以便检测在真实语境中考生处理语言内容和形式的能力（转引自方秀才，2012）。这些理念在后来的语言研究和测试中得以遵循。Bachman和Palmer（1996b：9）提出，语言测试必须建立在两个基本原则之上：一是语言水平测试和语言使用要有一致性，二是测试的有效性体现在信度、构念效度、真实性、交互性、影响和可行性上。并且测试的有效性贯穿于语言测试的设计、发展和使用过程。虽然Bachman和Palmer的语言测试并非专门针对语用能力测试，但他们建议把语言测试融入真实语境的做法对语用能力测试的研究具有重要的意义。后文关于文化语用能力的测试，基本延续了国外对语用能力测试的要求和方法。

国内对语用能力的研究初期以理论介绍为主，包括语用能力性质，如对概念、分类、特点的分析、语用能力和其他相关概念的关系以及影响语用能力发展的因素等问题的讨论（黄国文，1991；洪岗，1991；高一虹，1992；司联合，2001；杨文秀，2002；戴炜栋，2005a，2005b；冉永平，2006；陈新仁，2009）。

语言能力和语用能力是对立关系还是相辅相成的关系？语用能力和其他能力之间又呈现出何种关系？学者们从不同层面和角度进行了研究：杨文秀（2002）认为语言能力是交际能力的一部分，与语用能力相互独立。但是语用能力和交际能力之间存在一定的交叉。双方都涉及了在具体的语境中，按照规则组织话语和篇章，包括交际双方的话语的产生和理解的过程；洪岗（1991）的调查结果显示语言能力的发展和语用能力的发展并非正相关。他认为，在教学中，语用能力的培养和语言能力的培养应该占有同等重要的位置；高一虹（1992）在研究中发现，对语言知识技能进行综合运用的总体能力总是大于单项能力之和，因此她认为学习运用语言的能力是一个包括总体能力和单项能力的多元集合体；刘建达和黄玮莹（2012）不同于以往仅把高水平英语学习者列入研究范围的做法，他们把低水平的英语学习者的语用能力调查也列入了研究范围之内，结果发现语用能力和外语水平之间并非直接的线性关系，各种能力与语用能力的发展并非协调一致。

戴炜栋（2005a）从国外对语用能力和语法能力的试验过程和结果的分析中明确了未来语用能力研究的发展方向。他认为语用能力和语法能力关系复杂、互相作用。它们之间的关系，并非单纯一方依赖于另一方。他同时指出，影响二语语用能力发展的因素众多，其中之一是语用迁移问题。语用迁移涉及了复杂的认知和心理过程，这是未来研究的课题之一。与此类似的是冉永平（2006）对国内语用能力研究的总结。他认为在研究外语或第二语言的语用能力时，研究者需要思考如何培养学习者的语用意识、如何对学习者的语用能力进行锻炼和发展等相关问题。他同时指出，同国外的语用能力研究相比，国外学者对上述问题的探讨已经领先于我们。

中国学者在总结分析国外语用能力概念与其他能力关系的基础上，对语用能力进行了重新的界定和分类。陈新仁把语用能力定义为“在具体语境中运用话语进行得体交际从而实现交际目的（包括行事、人际目标）的能力”（陈新仁，2009）并提出从语用语言能力、社交语用能力、语用认知能力和语篇组织能力四个维度对语用能力进行分析。他将语用认知能力纳入语用能力分析框架之中，这在国内语用能力的研究中实属首创，是在汲取认知语用学最新研究成果基础上的创新（李民，肖燕，2012）。

分析中发现，国内学者吸收国外先进理论，并进行了理论探索和实践。但对语用能力的研究仍以描述性研究居多。对于语用能力分类、语用能力与其他能力关系的分析多以演绎为主，仍缺乏实证性的验证。但是，中国学者开始结合语言学、社会学、心理学等相关知识，做出自己对语用能力的解释和说明，引入了文化概念和认知角度的解读，这是在语用能力研究中的进步。

基于语用能力概念、分类、与其他相关能力关系的研究，国内学者以国内二语学习者为研究对象，开始进行探索性的实证研究。研究包括对中国二语学习者语用能力现状的调查和语用意识培养建议。应用语言学实证研究的三种路径分别为定量研究、定性研究和混合研究路径（曹贤文，2013）。文秋芳和王立非（2004）认为二语习得的研究方法有两次大的转变：第一次在20世纪80年代中期，量化研究方法进入了成熟期；第二次在20世纪90年代后期，质化方法进入了成熟期。刘建达（2005，2006a，2006b，2007，2012）的研究是迄今国内从定性和定量两个方面出发探索语用评估最全面的尝试了（姜占好，2012）。他在总结国外对语用能力定义和教学应用研究的基础上，着重探讨了语用能力的测试研究，并提出在国内进行外语语用能力教学和测试的研究非常必要；李民、陈新仁（2007）的问卷调查结果显示，中国英语学习者的语用意识和语用能力明显高于其语法意识和语法能力，这也从一个侧面验证了目前国内外语教育对语用意识和语用能力重要性的认识程度；此外，中国学者还从不同角度、采用不同数据收集方法，用以折射二语学习者的语用能力（董晓红，1994；方秀才，2012；李燕，姜占好，

2014）。

第四是语用能力在教材编写、课程设计和教学实践中的具体应用。在教材编写方面，吴格奇（2004）提出应该把语言知识和文化习俗、社会价值观等方面结合进行教材编写；左艳红和姜占好（2012）在总结跨文化语用失误的种种表现后，提出把语用知识融入教材编写、重视语言材料的文化背景、增加教材中语用解释等建议；姜占好和陶源（2013b）提出对语用知识进行分级，进行元语言和元语用的描述，在真实语料中选取素材，进行语用能力的培养；胡美馨（2007）提出把培养跨文化语用预设意识融入综合英语教材的可能途径。在课程设计和教学实践的具体应用方面，中国学者主要探讨了语用能力的培养目标和内容在课程设置中的体现（杨忠，张绍杰，1991；杨连瑞，张德玉，2004；颜琳华，2001；陈斌蓉，彭金定，2008；戴炜栋，杨仙菊，2005；黄洁，2009）。

通过对国内语用能力相关研究的总结和概述，可以发现，国内研究具有以下特点和不足：国内对语用能力概念、性质、分类和特点的研究，仍以引述国外概念为主，缺乏对语用能力的本质特征的深入研究；在中国学生语用能力和语用意识的培养方面，国内学者已经开始采用定性和定量方法进行语用能力的调查，并根据调查结果提出语用能力培养的建议，但缺乏长期的跟踪性调查研究；在语用能力测试方面，未出现专门针对语用能力中文化部分的测试；在教材编写方面，缺乏后续研究和对元语用知识重要性的强调。

但在分析中，也发现了很多亮点：不同于国外通常对语用能力的二分，陈新仁对语用能力进行了四分，并强调了认知语用能力的重要作用；张晶薇把语用能力进行了六要素的划分。两人虽未在文化方面做出进一步的解释，但他们的研究指出了长久以来语用能力研究中忽视文化的现象；姜占好和陶源提出对语用知识进行分级，进行元语言和元语用描述的教材建设建议，为语用能力研究开辟了新的窗口。

2.2 民族志语用学研究综述

民族志语用学的研究方法由 Wierzbicka 提出，她首创了自然语义元语言的描述方法，采用文化内嵌的观点解释语言运用，比如采取会话者共同的价值观、评价标准等，而不是采用语用学假定的普适性原则。但民族志语用学这一概念，是由 Goddard 提出的。

民族志语用学有时也被称作跨文化语用学（cross - cultural pragmatics）。但 Goddard 更倾向于使用民族志语用学的这一术语。他认为这一术语把重点放在了文化和“民族（ethno）”上。跨文化语用强调的是跨文化的研究，而民族志语用学可以只针对某一种语言和文化进行研究，包括对自己母语的研究。之后，由 Goddard（2006）主编的《民族志语用学：文化语境下的话语理解》的出版，标志着民族志语用学的发展日趋成熟（廖巧云，2007：477）。

民族志语用学的研究动力来自于研究者对文化内部解释的关注。语用学多年来的主流研究范式是普遍主义原则，即认为人类交际是受一系列普遍主义的原则支配的，代表理论有会话原则、面子理论、关联理论等（向明友，2007；廖巧云，2007；向明友，夏登山，2009）。这些以普遍主义作为研究基础的理论，多数采用盎格鲁文化的规约和习俗作为基准，来适应所有的文化背景。但随着对语言研究的不断深入，可以发现普遍主义的思想具有明显的缺陷，它是以牺牲文化的多样性为前提的。很多语言概念的表述、术语的运用以及言语行为的解释，是具有明显的民族中心主义倾向的，很可能在其他语言和文化中不存在对等的范畴。因此，澳大利亚语言学家 Wierzbicka 开始了她的语义研究，并最终形成自然语义元语言的研究方法。本节将就民族志语用学的哲学基础、理论背景、基本观点、研究方法和国内外研究现状等进行介绍。

2.2.1 自然语义元语言的哲学基础

洪堡特认为，我们所认识的世界就是语言中的世界，语言的边界就是我们认识的边界。因此，认识世界的哲学和语言的分析是紧密联系的。李葆嘉也提出“从语言学的发展来看，新的语言理论离不开哲学思维，或者说离不开当时的学术潮流”（转引自刘宇红，2013）。因此，对民族志语用学的研究，首先需要了解其核心概念—自然语义元语言的哲学基础。

《牛津语言学词典》中把元语言定义为“一种用来说明一种语言的语言，多用于指一种人工构建的体系”。被说明的语言则称之为“对象语言”。比如用英语写的英语语法，那么英语既是元语言也是对象语言（Matthews，2000：223）。

西方的元语言理论最初是由于哲学领域为解决悖论问题而提出的（安华林，2005）。在逻辑学中，悖论是由两个相反或者矛盾的命题组成，但从表面看来，这两个命题又是合理的。悖论违反了人们通常可以接受的见解，如果判断其论断为真，则其为假；如果判断其为假，则命题又为真。其特殊的推论过程多年来成为逻辑学家们的难题。著名的悖论有“说谎者悖论”（“所有克里特人都是说谎者”，后来被修改为“我说的这句话是谎话”）、“罗素的理发师悖论（萨维尔村有一名理发师，他立下了一条规矩：只给村子里面自己不刮脸的人刮脸。他到底该不该给自己刮脸?）”等。

根据“对角线引理”，形成悖论的要素有否定概念和自我涉及，如罗素（Russell）悖论是否定概念“不包含自身为元素的集合的集合”的自我涉及（杨熙龄，1987）。罗素认为，一切悖论的特征源于“自我涉及”和“自我指称”，他提出的类型论的指导思想，即“凡涉及一个汇集全体的东西，必不是该汇集的一份子”（转引自马佩，2008：217）。类型论的基本思路是：把论域分成了类型，个体为类型 0，个体的集合为类型1，个体的集合的集合为类型2，以此类推。也就是说，罗素的分层对象是集合和个体，各个集合之间是属于的关系，一个命题不表述和它同级或者比它高级的命题的性质，也就不表述同级或高级命题的真假，但这在语言表述上造成了很大的不便。

与罗素的类型论类似的，是波兰逻辑学家 Tarski 的语言层次论。Tarski 认为悖论产生的原因在于“语言作为客体和研究工具集于一身”。因此，语言应该分为作为整个讨论题材的“被讨论的语言”和用来“谈论”第一种语言的语言，并用第二种语言来为第一种语言构造真理定义（转引自王洪明，2013：11）。“被讨论的语言”是对象语言，一般是用实际语言或者形象语言组成的关于世界的论述。而用来“讨论”的第二语言是关于对象语言真实性论述或者抽象描述的元语言。它们之间的区分并非绝对，每一层次的语言对其下一层的语言都是对象语言，而对其上一层的语言又是元语言。正如美国学者 Patterson 对 Tarski 语言层次论的介绍：“……我们就有了三种语言：在层次内的对象语言、包含上一层次关系的语义概念元语言，包含元语言层次语义概念的元元语言（Patterson，2008：170）”。因此，Tarski 的语言层次首先包括了不涉及“真”“假”等语义概念的对象语言层次，例如“雪是白的”；包含对象语言层次的元语言语义概念层，例如“‘雪是白的’是真的”；包含元语言层次的元元语言语义概念层，例如“‘雪是白的是真的’是真的”，如此继续。Tarski 的元语言学说引起了人们的广泛思考，并扩大到相关学科的研究（钱军，1998；苏新春，2005；王洪明，2013）。

寻找语义基元的历史和元语言的研究有着密切联系。Wierzbicka（1992）认为，人类思想中存在着普遍的人类概念这一想法，可以追溯到17世界 Leibniz 等哲学家的研究时期。Leibniz 认为“语言多义而不精确”，因此决定抛开所有现存语言（包括汉语）去追寻它们的共同语言，于是发现所有语言多少都存在或允许（通用语法和谐）”（转引自冯晓虎，2011）。他曾试图创造出一种“普遍文字”，如他在《通向一种普遍文字》中所述，“长期以来，不少杰出的人已经宣布了一种‘普遍语言’或‘文字’……借助于它，不同民族的人才有可能相互交流思想，把一种外来语的书写符号译成他们自己的语言”（转引自陈乐民，2005：88）。Leibniz 还认为，“我们可以说，我们了解一些东西，但只有当我们把它打碎成部分的时候，我们才可以说我们真正了解了它”（Wierzbicka，1996：11）。

Wierzbicka 的自然语义元语言（简称 NSM）的研究借鉴了 Leibniz 等学者对语义基元的研究成果，但又不同于他们的研究：语义哲学中的元语言是超越了客观的所指对象的语言表述形式，属于形式语言的一部分，具有抽象化的特点，常用逻辑表达式的形式推演句子的真假值。Wierzbicka 的 NSM 理论基本观点是在语义释义中，采用不可界定的语义基元，去解释意义复杂的词，即化简释义的原则。

综上所述，哲学界为解决悖论问题研究中，提出了元语言概念，Wierzbicka 在相关研究基础上，提出了用于语义释义的元语言方法——自然语义元语言。她的研究在跨文化语义学、词汇语义学和词典学等领域引起了广泛的关注。下一节将介绍民族志语用学发展的理论背景。

2.2.2 民族志语用学发展的理论背景

民族志语用学是在语言学界对意义探讨的过程中，结合现有语用学研究成果，并借鉴了民族志的研究方法形成的独特研究视角。

Wierzbicka 提出自然语义元语言理论的时期，正是 20 世纪两位美国语言学家 Bloomfield 和 Chomsky 的理论占主导地位的时期。布龙菲尔德的研究对美国描写语言学做出了奠基性的贡献（赵世开，1989：48）；而 Chomsky 所引领的心智革命把心智从客观主义的寒冷冬天带回了人类科学的研究（Bruner，1990）。Wierzbicka 认为，以二者理论观念为主导的研究使当时的研究主流成为不包括意义的语言研究（linguistics without meaning）。

Wierzbicka 认为，Bloomfield 与他同时代的 Sapir 不同。Bloomfield 排斥意义的研究，他把意义的研究划归诸如社会学或者心理学的研究范畴。实际上，在 Bloomfield 非常具有影响力的著作《语言论》（Language）中，他多次提到了意义。他把意义定义为说话者发出语言形式时的情境，和这种语言形式在听话者那里所引起的反应。他认为说话者的情境和听话者的反应是密切配合的。在这个共同的情境里，我们每个人既是说话者又是听话者（Bloomfield，1933：139）。而且，他认为意义是多变的。其中一个意义是正常的或者中心的意义，另外的意义是边缘的，或称为隐喻或转移的意义。同时，他认为在语言研究中，对于“意义”的研究是一个薄弱的环节，这种情况会一直持续到人类的知识水平进步远超过他当时的情况后才能扭转（Bloomfield，1933：140）。这一点在其他学者对 Bloomfield 的研究中也可发现（赵世开，1980，1989）。Waterman 把 1933 年到 1950 年称为 Bloomfield 世纪（赵世开，1980）。

但由于 Bloomfield 在不同场合对于意义强调的重点不同，造成了前后的不一致，引起了学者们的争议（赵世开，1980）。Wierzbicka（1990）认为，虽然 Bloomfield 在其语言结构的描述中明确了意义的概念，但他并未把意义包含在他的语言分析中。他对意义研究的拒绝并不等同于在语言描述中他对意义的完全忽略，而是在语言分析中尽量避免对意义的考虑。他本人以及后布龙菲尔德主义者也都坚持这一原则。但 Wierzbicka 认为，语言是传递意义的工具，工具的结构反映了它的功能，只有从其功能才能对它进行恰当的理解。她比喻说，离开意义的语言理解，就像是从物理属性的角度研究路标一样，只考虑了路标的重量、油漆颜色，却忽视了它的指路功能。可见 Wierzbicka 对语言研究中意义的重视。

到了 20 世纪五六十年代，心智革命取代了行为主义，这一前提促使了 NSM 理论的产生。Wierzbicka（1990：7）认为，虽然 Chomsky 基于心灵主义的、反布龙菲尔德立场，但在对待意义的研究问题上，他仍然是一位布龙菲尔德主义者。因为以 Chomsky 为代表的生成语法学派虽然谈论心智，但在研究中却延续了 Bloomfield 对待意义的策略，即避免意义的分析出现在形式化分析中。

Wierzbicka 认为意义在语言的研究中起到重要的作用。因此，她在对行为主义思想进行分析和心智革命开展的前提下，提出了词汇共性（lexical universals）的概念。词汇共性的理论前提是：人类最基本的概念是共同的，与生俱来，是人类基因遗传的一部分。因此，人们在接受所有语言和文化系统独特性的同时，认为它们之间存在一套共享的概念来帮助评价和理解语言文化系统中的不同之处。因此，在跨语言文化研究中可以通过寻找语义基元（semantic primitives or primes），即所有语言共有的语义核，把它作为对所有语言和文化进行描写和解释的元语言，对人类真实的语言世界进行描写，并从中发现不同。

同时，NSM 理论的形成也是和语用学的发展分不开的。民族志语用学的研究是语用学研究的一个重要分支。1938 年，逻辑学家 Morris 在《符号理论的基础》（Foundation of the Theory of Sign）中首次提到了“语用”这一术语，在《符号、语言和行为》（Sign，Language and Behavior）中进行了解释。Morris 把符号学的研究分为三类：研究符号与符号所指对象的关系的语义学，研究符号之间形式关系的符号学和研究符号与符号解释者关系的语用学（Morris，1946）。

到了 20 世纪 80 年代，语用学成为语言学的一个独立分支。近年来，语用学更是得到了长足的发展，涌现了众多新的理论，并逐步和其他学科形成交叉研究。向明友（2007）认为，当前语用学的发展朝着三个方向纵深展开：一是从认知、心理实验等角度出发，探索新的语用研究路径；二是强调语言各层面的综观语用研究；三是关注语言使用与社会文化等方面的多层面多视角的研究。

而民族志语用学就是在关注不同民族文化、价值观、态度、情感、信仰的基础上发展起来的。Goddard（2006；2007）列出了普遍主义语用学的七宗罪：

1）普遍主义语用学极大地低估了文化对言语行为的影响；

2）采用语言交际者文化不相容的术语来进行描述，普遍主义语用学强加了一种“局外人视角”；

3）普遍主义语用学为语用学和其他文化现象的描述人为地制造了鸿沟；

4）普遍主义语用学虽然对语言现象描述，但却很少解释；

5）普遍主义语用学在术语的使用上不统一，不同的学者使用不同的术语且意义不同；

6）普遍主义语用学以盎格鲁文化为中心，它以盎格鲁的规约和言语行为作为研究的基准，以英语作为描述基准，具有民族中心主义倾向；

7）因为局限于一种外语进行描述，普遍主义语用学回避了对其他相关语言和文化的描述。

而民族志语用学的研究注重从文化“内部人”的视角出发，采用尽量“去民族化”的语义原词对言语行为背后的文化进行描述，以达到清楚、准确讲述文化的目的。使文化“局外人”用简单明了的方式理解不同文化，以及受该文化影响的言语行为。民族志语用学的研究打破了传统普遍主义语用学研究的桎梏，扩展了语用学研究的领域。

2.2.3　民族志语用学的基本观点

民族志语用学的研究范式是在语义研究的哲学和逻辑学传统下，结合了广泛的跨文化、跨语言的实际研究。Wierzbicka 认为其研究的基本原则是：语言是有意义的，这些意义是可以表达的。语义由于不同的社会方言而存在不同，但这种不同的语义并不等同于我们所谈论的同一语言中语义的变化（例如一种新意义逐渐产生，另一种意义逐渐消亡）。

不同社会方言中语义的不同是长期且稳定存在的。在同一语言群体里，语言意义是大家共享的，这些共享的意义构成了人类进行交际的基础。如果人们想真正了解某种文化，人们必须把握承载特殊文化概念的语言的意义。

Wierzbicka 还认为，思维和语言的关系密切，语言的不同导致人们思维方式的差异。这种差异造成持不同语言的人在进行思考时，所使用的概念范畴不能完全匹配。这种概念范畴和语言有着直接和密切的关系，它们的差异可以反映出语言的不同特征。因此，语义的描写涉及了客观现实和人的主观认知。NSM 就是使用语义基元，在特定文化背景下，对某种特定语言中的概念范畴，构建化简释义的文化脚本描写框架。

NSM 理论的初始前提有两个：在跨语言文化研究中如能建立一套假定的所有语言共有的核心，那么这种共核就可以作为对所有语言文化进行描述和比较的元语言（Wierzbicka，1972：11）；单个词语编码而成的复杂语义结构可能因语言不同而有所差异。但是，人类语言和人类思维所依据的简单观念对于全人类来说是大体相同的（Wierzbicka，1992：9）。

民族志语用学的理论核心是自然语义元语言，简称 NSM。Wierzbicka 致力于寻找元语言，它独立于具体语言之外，并可以用来描写具体语言和文化中的概念。70 年代初，她建立了 NSM 理论的雏形，她认为任何自然语言中都存在不可继续简化的义核（irreducible semantic core），并且自然语言的义核是有一致性的，原因在于人类的基本概念具有普遍性。通过它，人们可以理解语言和思想，并反映人类的思维活动。这些在各种语言中都能表达最简意义的义核，被称为语义基元。每一个基元实际上是人类普遍概念在具体语言当中的具体体现，所有的语义基元构成了一种微型语言（mini - language），可以运用它们对那些具有复杂语义的词语进行描写。

语义基元的寻找，是缓慢而艰巨的过程，正如 Wierzbicka 所述，寻找普遍意义的基元可不是采珍珠，基元就在那里“闪闪发光”。在语义基元的确定过程中，需要论证方法中一些基本原则的确定（Wierzbicka，1996）。

1. 对于一词多义现象。一般的多义词都具有两个或两个以上的义项，语义基元的确定不是针对整个词位，而是对某一个义项，只有最基本的义项才有可能被确定为语义基元（Wierzbicka，1996：25）。在例2－1，A句中的want可以提取为语义基元，B句中的want则不可以。

例2－1：A）I want you to do something.

B）This house wants painting.

2. 有一些词或语素有两种或者多种不同的语义形式，这种同一语义基元的不同形式被称为词体变位（allolexy）。比如英语中的“I”和“me”就是同一语义基元的不同形式，两者处于互补分布。和另一语义基元的组合也会造成同一语义基元的不同词体变位形式。比如，在英语中，如果两个语义基元SOMEONE和ALL组合，就会形成词体变位everyone或者everybody，而ALL和SOMETHING则会形成everything。词体变位的概念在NSM理论中具有重要的作用，这涉及语义基元的各种曲折变化形式（Wierzbicka，1996：26）。如例2－2所示，doing，did和do传达了不同的意义，当和表示时间的词连用时，它们具有了互补分布的特征，都可以看作是语义基元DO的词体变位。

例2－2：A）I am doing it now.

B）I did it before now（earlier）.

C）I will do it after now（later）.

Goddard分析认为，诸如“this someone”“the same somone”等形式，虽然很少使用，但在英语使用的语料库中也能找到。它们是某种特定的语言，如英语中，为了实现NSM理论解释所特有的，类似的情况也可能出现在其他语言中。但这些形式并非NSM理论中基础的和必需的。Goddard认为，在能够理解的前提下，某些特殊形式允许在某种程度上缺少部分可接受性（Goddard，2008：6）。

3. 语义基元在一种语言里是词，但在另一种语言中可能是短语、词素或者其他的形式，这并不影响运用语义基元对意义的解释。此外，语义基元在不同语言中可能会有不同的句法特征或是词性。

4. 有关语义基元的语法问题。首先是动词的配价问题。Wierzbicka（1996）曾举例说明语义基元在配价上和补语数量的选择上会有不同，这体现了同一动词的不同配价形式。如 DO 有例 2 - 3 中三种不同形式的组合，体现了不同的配价形式。

例 2 - 3：A）X did something.

B）X did something to person Y.

C）X did something with thing Z.

其次，NSM 理论假设，有一些句子，在译成其他语言时，是不会造成意义的增加或减少的，这些使用语义基元和普遍句法规则构成的句子被称为基准句（canonical sentences），用来检测 NSM 理论的有效性。以例 2 - 4 中的句子都被 Wierzbicka 视为基准句：

例 2 - 4：You did something bad.

I know this when it happened.

I want to see this.

These people didn't say anything about this.

If you do this，I will do the same.

Wierzbicka 还确定了语义基元的界定标准，包括不可定义性（indefinability），即语义基元本身不能再找出更加简单的词来解释；普遍性（universality），即在任何自然语言中，都能找到确定的语义基元的对应词；可验证性（testability），即在不同的自然语言中，虽然存在着不同的结构和类型，但已被提取的语义基元可以通过实证研究在不同的自然语言中得以验证。语义基元，既可以是词，也可以是其他的语言表达形式，并且语义基元在不同的语言里，可以具有不同的句法特征或词性。

正是因为语义基元具备上述特点，因此用它们来对复杂语义词进行解释，就避免了释义过程中的循环性、模糊性和不准确性等问题。

Wierzbicka 等研究者经过 30 多年的提取和验证，目前一共提取了 60 多个语义基元。随着语义基元提取的不断增加和研究的不断深入，到了 80 年代中期，研究范围已扩展到词汇语义学、语法结构、词典编纂等众多领域，近年来又通过文化脚本渗透到跨文化语用学领域（李炯英，郑赛芬，2010）。

Goddard 和 Wierzbicka（ 2004：155）认为，这种具有普适性的微型语言，用于语言的词义和文化脚本的解释，是不同民族和文化的共用语码，不会陷入民族中心主义研究困境。NSM 理论有两个基本原则：普遍基元原则和化简释义原则。

文化脚本的研究方法始于 1994 年。Wierzbicka 使用 NSM 的文化脚本方法，在跨文化语用学研究中得到了一定的应用，并取得了一定成果。所谓文化脚本，是从文化内部的清晰视角解释文化规约、价值、习俗的一种新的方式。它运用语义基元作为元语言和描述的工具，对不同社会文化中的价值观念、风俗习惯、行为方式、社会规约等用最简形式进行表述，凸显文化内部结构、模式和规约对特定社会文化中言语行为、思维方式等方面的影响，是以文化“内部人”的视角进行观察和描写，避免了民族中心主义的干扰。

文化脚本中重要的概念是文化关键词。Wierzbicka 和 Goddard 认为，要理解某一特定文化的话语习俗，首先必须了解与这种文化相关的，并且能反映其价值、观念、习俗、社会规约的文化关键词。周光庆（2009）认为，所谓文化关键词，具有两种含义：它们在某些情境及情境的诠释中，是重要且相关的词；在某些思想领域，它们是意味深长且有指示性的词。他认为，文化关键词是建构和表征文化中的核心观念和价值系统的特殊词语。因此，了解文化关键词与了解“文化”“社会”的方法是紧密相关的。

2.2.4 民族志语用学的国内外研究现状分析

国外对民族志语用学研究主要包括 NSM 理论分析、文化脚本对不同民族文化语言现象的解释、民族志语用学的最终确立等。

由于民族志语用学研究的理论基础是自然语义元语言，因此民族志语用学的研究重点之一是自然语义元语言理论的确立、相关规则的分析以及从不同角度的验证（Wierzbicka，1992，1996，1999，2003；Durst，2003；Rieschild，2008；Nelson，2012；Stasch，2013）；之后，在 NSM 研究框架基础上，众多学者开始对英式英语、新加坡英语、汉语、日语、法语、俄语、德语、阿拉伯语等多种语言进行了调查和验证（Wierzbicka，1992，1996，1998，1999，2006a，2006b，2009，2010；Wong，2007；Yuko Asano-Cavanagh，2011；Rieschild，2011；Gladkova，2013；Gladkova & Romero Trillo，2014），并对特定的民族文化进行描写。从不同角度、不同侧面验证了 NSM 的文化解释力；Goddard 主编的《民族志语用学：文化语境下的话语理解》（2006）的出版，标志着民族志语用学的最终确立。研究中也包括质疑之声以及 Wierzbicka 等学者对此的解释（Ramson，2001；Riemer，2006；Goddard，2007；Goddard & Wierzbicka，2010）。国外的民族志语用学的研究仍在争议中继续发展。

中国学者对民族志语用学的研究，包括了以下几个方面的内容：

首先，元语言理论是在逻辑学对悖论的研究中被提出并逐步发展起来的。因此，在国内研究中，一部分是对元语言的发展历程、类型、特征的介绍（苏新春，2005；李子荣，2006；张喆，2007；安华林，2009；王洪明，2013），还有学者从自然语言元语言思想探源、理论基础、内容、取向、发展、研究前景、面临的挑战等方面的阐释（张积家，姜敏敏，2007；李炯英，2009，2012a；浦冬梅，2009，2012）。

其次，是国内对民族志语用学中关键理论自然语义元语言的介绍与研究，代表人物有卢植、李炯英和李葆嘉。由于 NSM 理论的创始人

Anna Wierzbicka 是波兰语义学派的创始人（李炯英，2011a），因此分析包括了对波兰语义学派哲学基础、发展历程、主要观点的介绍（李炯英，2005，2011b），NSM 理论产生背景、研究目标、原则、方法的介绍（卢植，2002，2003；李炯英，李葆嘉，2007；李炯英，2011b；林夏，2012）

第三，是对民族志语用学缘起、理论基础、研究目标和方法的综述性介绍和相关问题的进一步探讨（向明友，2007；向明友，夏登山，2009；李炯英，郑赛芬，2010）。夏登山和郭小洁经过对"ethnopragmatics"各种译名的分析，最终确定"民族志语用学"是最接近原理论内涵的译名（夏登山，郭小洁，2013）。廖巧云（2007）重点介绍了标志着民族志语用学发展成熟的专著《民族语用学：文化语境下的话语理解》。她认为民族志语用学与传统语用研究的共存、互补和竞争的趋势，并且认为民族志语用学中还有很多亚文化内容可供分析。

第四方面的研究集中在使用 NSM 理论，建立文化脚本，对语言文化现象从内部视角进行解读，是跨文化的实践研究部分（李炯英，赵文薇，2008；王恒兰，2011；贾欣岚，李彤，2013）。但此部分内容有限，在国内研究仍未广泛开展。

2.2.5 民族志语用学视角研究的不足之处

民族志语用学已经成为语用学研究的一个新视角，并逐步显示其从文化多样性的视角出发，对不同文化中言语行为的解释力。但研究中也发现一些问题。如在语义基元的确定问题上，虽然 Wierzbicka 对每一个语义基元的确定进行了语义和语法的阐释，并通过不同的语言或者方言加以验证，但她并未明确如何在浩如烟海的词汇中，选定这些语义基元进行研究并确定的，这也成为一直以来很多反对者批评的焦点。另外，由于现实条件的局限以及文化的差异，民族志语用学的支持者和研究者一般只用自己的母语进行某一个或几个文化关键词的分析和解释（高伟，2008；汪雅君，2008)，对不同语言或方言中对应的语义基元的分析较少，这是在今后的研究中可以继续深入的部分。

而且，虽然民族志语用学视角是试图“去民族化”研究的有益尝试，但这些语义基元仍是来自于各种语言。因此，它并不同于数学公式、计算机程序等人工语言所构成的形式语言，采用形式化的方法(用形式语言而非自然语言作为元语言）来描述。正如侯敏教授所述，“语言学的研究不仅是抽象的，它还和所有自然科学的研究一样，是近似的，不是绝对的。可以说没有任何一种理论是绝对的（侯敏，1999：13)”。因此，本文认为，正如现代语言学把语言从言语中抽象出来一样，民族志语用学从言语中抽象出了近似的元语言对言语进行描述，这也为语言学的研究提供了新的视角。

2.3 小 结

本章对语用能力研究进行了综述，包括语用能力的定义、分类、语用能力的定量、定性研究以及语用能力的培养等。从理论研究到理论与实践的结合、从现象分析到对语用能力本质的认定、从简单的调查研究到对语用能力培养模式和教材的探讨，研究范围不断扩大，研究深度不断加强。虽有学者认为在语用能力研究中文化的重要，甚至在分类中提出了语用文化能力的概念，但却未在此基础上深入分析。

民族志语用学将为下文文化语用能力的分析提供一个新的视角。这种以自然语义元语言为基础的文化内部视角研究，为认知系统中更为客观、中立的文化图式、框架、脚本和文化模型的建立提供新的思路。因此，本章包括了对自然语义元语言的哲学基础、民族志语用学的理论背景和基本观点等的介绍。

上述研究内容将为文化语用能力的分析奠定理论基础。

第3章　文化语用能力分析及验证

有这样一个例子，中国人做报告的开场白，报告人常会说："今天我来谈一谈汉语句型研究的问题。我对这个问题的研究还刚刚开始（事实是已经搞了好几年），水平也不高（其实他的研究是国内领先水平的），今天随便来讲一讲（其实做了充分的准备），恐怕会耽误大家宝贵的时间（心里想观众肯定会有所收获）（李国立，1997：20）"。到了现在，其实这样的例子仍然可见。报告人想表达的潜台词是什么？是什么样的思想观念和心理特征影响他说出这样的开场白？又如，在美国，当人们在较小的空间相遇，就会响起此起彼伏的"Sorry"。实际上空间不至于狭小到大家相撞，但为什么美国人要这么说？空间距离对他们来说有多重要？本文认为，在这些问题的背后，隐藏着一个民族的文化特征和心理。这些文化特征和心理通过具体的言语交际反映出来后，会造成不同文化背景的交际者在具体交际中理解上的困难和误区，这也是本文提出文化语用能力概念的原因。

本文认为文化语用能力是语用能力研究的一个维度，重点在于对语用能力文化层面的延展和深入研究。本章拟对文化的发展特点、文化与语言、思维的关系进行回顾。对文化语用能力的概念进行本文的定义，并就相关内容进行阐述。本文认为，文化语用能力是学习者习得和学习一语文化和二语文化时具备的一种能力。但在二语学习过程中，由于不同文化间的差异对交际造成的影响，文化语用能力的外部表现可能会更加明显。本文拟通过对文化语用能力的研究，为二语学习者提供学习二语文化的新的视角，因此，本文在问卷调查中，主要验证文化语用能力在二语交际过程中的作用，为下一章从认知视角对文化语用能力的分析奠定前提条件。

3.1 文化研究的必要性

著名哲学家笛卡尔（Descartes）在《方法谈》（Discourse on Method）中有这样一段话："在旅行中，我注意到一个问题，有些人的观点尽管让我们很反感，但这并不证明这些人就是野蛮的，没有教养的。恰恰相反，他们能和我们一样运用自己的推理和思考，至少不比我们差（Descartes，1912：14）"。

虽然笛卡尔在《方法谈》中主要论述的是认识方法和科学研究的道德规则，但他至少从一个侧面肯定了不同的文化所造成的观点和认识的不同，文化是具有相对性的。

3.1.1 文化的定义

在不同的国家、不同的研究领域，众多学者对文化进行了上百种不同的定义。美国人类学家 Kroeber 和 Kluckhohn（1952）在《文化：关于概念和定义的研究》中，收集了从历史学、社会学、心理学、人类学等多个角度对文化的定义。也有研究者划分了关于文化研究的分支和学派（绫部恒雄，1988；杨镜江，1992；张忠利，宗文举，2002），例如最初产生于英国的古典进化学派、发源于欧洲的传播学派、形成于法国的社会学派、同样产生于英国，并逐步取代古典进化学派的功能学派、诞生于美国的文化人类学派等。本文只选取与研究相关的一些学派中代表人物的定义及学说进行分析，为下文文化语用能力在本研究中的定义奠定基础。

关于文化，具有“标志性”的、有人类学意义，并且最早的定义是 1871 年由英国人类学家 Edward Burnett Taylor 提出的（文化这一概念在德语中的提出时间是 1793 年，出现在德语字典中）（Kroeber & Kluckhohn，1952：3）。当文化这一概念进入英语字典，又是 50 多年后的事情了。Taylor 是英国文化研究中古典进化学派的代表人物之一。自他将文化的科学概念引入英语世界之后，文化的研究开始在欧美发展起来（杨镜江，1992）。

Taylor 认为，所谓文化，或者文明，是知识、信仰、艺术、法律、道德、习俗和其他社会成员所掌握的才能和习惯的复杂综合体（Tylor，1871：）。Taylor 认为这一复杂综合体让同一种族的人具有了品质中的默契和一致性。这种默契和一致性又使他们使用同一种语言，遵循同一种风俗习惯，在知识上处于同一总水平，人类社会的构成就具有了一定的规范。这使我们对人类社会的研究，可以摒弃个体的区别，而提取典型实例来代替个体的例外，用一般现象来描述整个民族的特点。但他也强调，研究不能“只见森林，不见树木”，集体行为实质上是众多个体行为的结果，因此研究中注重个体的行为和对整个民族共同性的研究，必将是绝对一致的。并且，Taylor 坚决反对种族主义的思想，反对用种族的不同来解释文化差异的错误观点。

之后，Boas 作为美国现代人类学的奠基人和美国历史学派的创始人，从人类学的角度对文化进行了定义。Boas 认为文化包括一个社团的所有社会习惯的各种表现，个人受其生活的群体习惯影响的反应，以及由这些习惯决定的人类活动的产物（Boas，1930：79，转引自 Kroeber & Kluckhohn，1952：43）。

Malinowski 作为英国的功能学派的代表，认为文化是由部分自治、部分协调的制度构成的整体（Malinowski，1944：48）。文化是由工具和消费商品构成的有机整体，是各种社会团体符合规定的章程，是人类思想、工艺、信仰和习俗（Malinowski，1944：36）。并且，Malinowski 强调文化的社会性。他认为文化人类学的关键概念是社会继承，通常也被称为文化。文化包括继承的工艺品、实物、技术过程、思想、习惯和价值观。在《西太平洋的航海者》（1922）中，他对土著居民的文化进行解剖，对他们的实际生活进行现场调查，对他们的具体行为进行详尽的描述，并且尽量采用本族人的术语和原话来记录他们的文化。

Taylor，Boas 和 Malinowski 对文化的定义，在本质上都是对文化的综合性、整体性的定义。他们把文化认为是“综合体”“有机整体”或“总和”。Boas 和 Malinowski 对文化的定义可以看作是 Taylor 对文化定义的延续，认为文化是人的意识、风俗、习惯的反映。

除了对文化的整体性定义外，Sapir 从社会的角度对文化进行定义。他把文化定义为一个社会的所做和所想（Sapir，1921：100）。文化是从社会遗传下来的决定我们生命结构的习俗和信仰的总和。（文化是人类学家和文化历史学家专门用于）人类生活中体现的任何社会的继承元素，包括物质和精神。（Sapir，1924：402，转引自 Kroeber & Kluckhohn，1952：47）。

美国学者 Sutberland 和 Woodward（1940）对文化的定义延续了 Sapir注重文化社会性的特点，他们也注重到了文化的传承性。他们认为文化包括可以从一代传给下一代的一切。一个民族的文化就是他们的社会继承，这是一个复杂的整体，包括知识、信念、艺术、道德、法律、使用工具的技术和交流的方式（Sutberland & Woodward，1940：19，转引自 Kroeber & Kluckhohn，1952：56）。

据 Kroeber 和 Kluckhohn（1952）的统计，文化“代代相传的社会继承性”特点在他们总结的 164 种定义中总共被提及了 33 次，这也说明学者们开始注意到了文化的动态的继承性特征。

传统的继承的根源来自于习俗和方式，但另一方面也来自于传播和习得。文化的定义一方面是对一种长期的过程和结果的定义，另一方面则转向最终参与文化的单个个体的文化启动机制。因此，文化定义不单单是一种宏观的、描述性的定义，而且是一种近距离的、微观的心理定义，是一种关于文化习得的定义。

Morris 从动机的角度定义文化，他认为文化是一种方案，一群相互影响的人在这种方案下更崇尚某一种动机，并且愿意采取某种方式来实现这一动机（Morris，1948：43，转引自 Kroeber & Kluckhohn，1952：47）；Haring 把文化定义为所有符合从他人那里学习到的模式的人类机能（Haring，1949：29，转引自 Kroeber，& Kluckhohn，1952：58）；J. H. Steward 认为文化常被理解为已经学习的行为模式，这些行为模式是在特定的社会里，一代代传下来并且从一个社会扩展到另一个社会（Steward，1950：98，转引自 Kroeber & Kluckhohn，1952：58）。

上述定义中，研究者们逐渐发现了文化是在人类生存的物理、历史和心理环境中存在和发展的，文化和人的心理因素相关，并且文化是可以学习的。

Benedict 对文化的定义更是体现了这一特点。正如她的老师 Boas 在她的书《文化模式》（Patterns of Culture）序言中写到的：Benedict 注重一个和她本身也密切相关的问题——在人们所处的特殊的遗传禀赋和特殊的生活历史中人与人之间的关系（Benedict，1946：VI）。Benedict 认为文化是习得的行为的社会术语，人的行为不是生来就有的，不是像黄蜂或群居的蚂蚁一样由自己的生殖细胞决定的，是必须由新的一代从成人那里重新学习的（Benedict，1947：13，转引自 Kroeber & Kluckhohn，1952：58）。Benedict 的研究侧重于文化相对主义，并且探究文化的内部价值，把文化的制度和习俗作为人们主观态度的显现来把握（Benedict，1946）。与此同时，她还注重对个人行为的描述和理解。

在国内，众多学者也在进行着语言和文化的研究。他们将文化分为广义文化和狭义文化。广义的文化，是指人类创造的一切物质财富和精神财富的总和，这是对文化的整体认识；狭义的文化是指社会的意识形态以及与之相适应的制度和组织结构（张公瑾，1989：5）。而且按照广义的文化定义，由于语言是人类后天习得的，属于人的创造物，那么语言就是广义文化中的组成部分。持此种观点的有国内学者邢福义(2006)，他认为文化包括语言，语言是一种特殊的文化。从语言可以看文化的发生、发展、结构层次、传播交流；而从文化看语言，可以看到文化对语言产生发展、接触融合等方面的影响。

3.1.2 文化的特点及其与语言、思维的关系

美国社会理论学家 Stuart Chase 认为，人类学家和社会学家对文化概念的定义被当作社会科学研究的基石。在文化定义的基础上，文化的本质是什么？文化和语言、思维又是何种关系？

Firth（1939）认为，大多数的研究不是孤立地研究个人的行为，而是把个人放到社会中，作为社会成员进行研究，这种对行为模式的总体研究叫作文化。并且文化中的各个组成部分由于其本质的不同而存在差异，它们之间是一种动态的关系。在每一种文化中都有共同点：像家庭团体、婚姻制度，还有可以合并在宗教名义下的复杂实践形式（complex form of practice）或信仰（belief）。这些被认为普遍的、可供比较的因素和过程，需要在社会学和文化的普遍原则之下进行描述和解释。

人类学家 Herskovits 认为文化是学习的；文化是由构成人类存在的生物、环境、心理和历史因素中衍生而来的；文化是一种结构；文化可以分为很多方面；文化是动态的；文化是可变的；文化显示出一种规律性，这种规律性可以用科学的方法加以分析；文化是一种工具，个人可以借助这一工具来适应他所处的环境，并且获得创造性表达的手段（转引自 Kroeber & Kluckhohn，1952：99）。

以 Malinowski 为代表的功能主义文化理论，把任何一个民族的习俗和文化都看成是一个完整的整体，这个整体由各个不同的部分组成。每

个部分在整体中都起到一定的作用，都有自己特殊的功能。研究文化要从组成文化的各个相互联系的部分加以考察。人类学家的任务，就是认识文化的各种功能。因此，Malinowski 认为，社会文化存在的目的是满足人类的生理和心理需求，文化要素之间是环环相扣的，并且为了保持有效的运作在不断地变动。从这个意义上讲，文化只是一组工具。人们可以在各种文化中找到自己的一套运作原则，这些原则和社会保持着紧密的关联。Malinowski 开始真正地运用完整的理论解释文化相对论的观点，并且他运用民族志的方法让读者理解不同文化间的差异。他还强调了民族志的研究方法需要观察的是一个社团的社会、文化和心理的总和，因为这几方面是交织在一起的（Bronislaw Malinowski，1922：xii）。

语言和思维之间关系的研究更是具有悠久的传统。在西方，历史上曾有过关于语言问题的大争论，到了近代，更有 Humboldt 关于语言和精神文化的论述、Boas 对语言和思维关系的讨论、Sapir 关于语言和文化的论述以及后来发展而来的萨丕尔—沃尔夫假设，都涉及了语言与思维的关系。

欧洲语言学的过去传统，是泛逻辑主义本体论占主导地位。泛逻辑主义认为，词是以某种方式直接反映事物的，思想的形成是一个独立于语言之外的过程（周志培，陈运香，2013）。也就是说，人类有共同的思维，语言是世界的事物和存在观念的简单的、直接的、被动的反映。不同的语言过程是反映同一思维的不同手段而已。但 Locke 认为，词并不与对象直接联系，而是与人们关于对象的观念相联系。他认为，观念的获得是通过表达观念的词的思考而得到的。同时 Locke 不认为这些表达观念的词直接对应真理（Penn，1972：46）。这种观念，不同的民族可能不同。同一语言共同体内不同的集团，甚至个人之间都有可能存在差异，也就是说语言是具有主观性的（徐志民，2005）。这一观点，被 Humboldt 作为提出语言相关性原理的主要依据。Humboldt 和之后的新洪堡特学者提出并完善了相对性的概念（Penn，1972：44）。

18 世纪的德国语言学家 Humboldt 把语言看成一种创造性的活动，是人类精神的基本特征（胡明杨，1988；徐志民，2005）。在《论人类语言结构的差异及其对人类精神发展的影响》中，他认为语言和思维是存在一定关系的。Humboldt 认为，语言和思维是同时发生，相互关联、关系密切的两个方面。“语言和智力特征是从不可企及的心灵深处互相协调地一同产生出来的”“语言和精神力量并非先后发生，相互隔绝，相反，二者完全是智能的同一不可分割的活动”（转引自姚小平，1995：133）。

Humboldt 在具体的民族文化背景下研究语言，考察语言在人们认识世界中所起到的作用，做出了关于语言和精神文化的分析。他认为每个民族都有其独特的主观意识，这种主观意识又对他们的语言产生了影响，因此每一种语言中都有其独特的世界观，这种语言的世界观反过来又会制约人们的非语言活动。或者说，说话者的语言通过语言系统中可能存在的语法范畴和语义分类，决定着说话者的世界观。按照 Humboldt 的观点，如果人想摆脱语言世界观的精神束缚，就必须像本族语一样熟谙其他语言。这就是 Humboldt 的语言相关性原理。

但 Humboldt 坚持的语言（Sprache）和精神（Geist）的不可分离性，随着达尔文的自然主义的影响，逐渐被另一种趋势所代替，即认为语言只是自然发展中的一个插曲，是改变人类直觉经验的伴随条件而非决定条件（Miller，1968：11）。这一观点直到 20 世纪二三十年代，一些学者开始逐渐复兴 Humboldt 的假设才发生改变。之后，语言相对论的假设是由 Boas 介绍到美国，通过他的学生 Sapir 的构想得以众所周知。而后通过 Whorf 的假设得以发扬光大。Sapir 和 Whorf 的语言相对论在这一点上和 Humboldt 的观点是一致的。

Boas 也讨论了语言和思维的关系。在《原始人的心智》（The Mind of Primitive Man）（1911）中他分析认为，这些由于历史原因而形成的习惯，可能会随着时间的推移而引起不同的观念联想。针对传统人类学对人种、语言、文化三者不分的情况，Boas 认为三者之间没有必然的联系，是各自独立的（Boas，1938：151）。他反对所谓的文化独立论，认为文化的产生和发展是多方面因素的集合。Boas 还指出，语言和思维有密切的关系，语言的特殊性反映在人们的观点和习惯上。他还认为，各个民族和文化无高低贵贱之分，每个民族或每种文化都有其独特的思想、逻辑、世界观和价值观，对文化价值的评价没有共同的或一般的客观评价标准，必须深入文化内部进行客观的考察和评价（Boas，1962：205）。Boas 的文化研究思路影响了其后众多的研究者，他的一些学生继续在历史学派的领域发展他的研究思路，也有一些学生之后建立了文化心理学派，后文对此有具体的分析。

Sapir 关于文化的观点受到了 Boas 的影响，他也曾提到种族、语言和文化分布不平行的问题。他认为它们的分布是令人迷惑地交织在一起的，并且它们的历史有各自不同的路（Sapir，1921：96）。他说，语言和文化的历史不能直接用种族来解释，正如不能用物理和化学来解释是一样的。语言的内容是和文化有密切关系的，从这一点上看，语言的词汇多多少少忠实反映出它所服务的文化，并且语言史和文化史沿着平行路线前进。但他认为，如果研究语言的人，错把语言和它的词汇混为一谈，这种肤浅的、外部的平行对语言学家的研究没有真正的意义（Sapir，1921：100）。他还认为，在一定程度上，一种语言的词汇是对另一种语言的心理和文化的翻译（Sapir，1933，转引自 Mandelbaum，1949：6）。

之后，Sapir 在《语言作为科学的地位》（The Status of Linguistics as a Science）中表达的仍然是一种比较“温和的（mild）”的相对论思想（Miller，1968）。研究者认为，这是萨丕尔—沃尔夫相对论思想的最初雏形（Harry Hoijer，1954：92，转引自 Miller，1968：11）。他认为，人不是独自生活在客观世界之中，也不是像通常理解的独自生活在社会中，而是生活在成为社会交际媒介的语言的支配中。如果认为人可以面对现实的本质而无须使用语言，或者认为语言不过是解决交流或反映问题一个偶然的工具，这绝对是我们的错觉（Sapir，1929：209）。

但是，Sapir 对语言相对论的假设只是对 Humboldt 相对论的一个比较谨慎的重复，并且用语言习惯（habits of language）代替了 Humboldt 的语言结构（structure of the language）。而 Whorf（1962）认为，一个人说的语言，不但决定一个人的世界观（world - view），也决定了他思考问题的方式。他认为每种语言系统的背景不仅仅是制造有声音的思想（voicing ideas）的工具，更是思想的塑造（shaper of ideas），是个体思想活动、印象分享、心理合成过程中的设计和指导。因此，他介绍了一种新的相对论的原理，按照此原理，除非观察者具有相似的语言背景，或者他们的语言在某种程度上得到过校准，否则他们不会受同一个物理证据的引导而形成相同的关于宇宙的画面。

Whorf 的假设分为强势说（extreme）和弱势说（mild）。强势说肯定了语言决定人对世界的认识，是形成人的世界意象的积极因素，这也经常被称作萨丕尔—沃尔夫的语言决定论（linguistic determinism）。他的语言决定论是 Humboldt，Sapir 和其他学者关于语言与思维关系的延续。Whorf 说，到目前为止，我们投射到最神秘的思维上的光就是语言。研究表明一个人思维的形式是受他无意识的残酷法则模式制约的。这个模式就是他复杂的、系统化的语言。这种语言和其他的语言，尤其是来自不同语系的语言进行了比较。这个人的思想就存在于这种语言中，或是英语，或是梵语，或是汉语（Whorf，1956：29）。

弱势说则说明了不同语言对认知的影响。他认为，从来没有这样相似的两种语言，我们能够把它们看作是表现了同一社会现实。不同的语言有不同的决定认识的方式。同样的客观现实，其意象可能随着人所赖以思维的语言体系的不同而不同，由此形成了他的语言相对性理论（linguistic relativity）（Whorf，1956：32）。

Whorf 的假设让人们引起了对语言体系文化内涵的高度重视，推动了思维、语言、文化关系的进一步研究，有助于对人类语言在形成人类思想认识过程中作用的深入探讨，这对语言学、人类学或者语言教学等领域的研究具有深远的影响。

同国外对语言、文化、思维关系的研究一样，国内的相关研究也具有较长的历史。关于语言和思维的关系问题，早在中国先秦两汉期间的哲学家荀子、公孙龙、王允，他们的著作中，都涉及了语言和抽象思维的关系问题（吴为章，1999：92）。并且，自 1979 年以来我国关于语言和思维问题的讨论，是世界范围内关于这一问题论争的组成部分之一（吴为章，1999：98）。伍铁平在《思想与语言孰先孰后?》中，提出了自己的看法。他认为通过心理学家所做的一些实验可以表明，语言和思维并不像人们所想象的那样密不可分，并且提出，在有声语言产生之前，也有思维现象的存在，有“非语言的思维”。也有学者认为伍铁平所说的“非语言思维”，仍不同于纯粹的逻辑思维，因为这种“非语言思维”并未脱离具体的东西和环境（伍铁平，1986）。

关于语言与文化的关系，张世禄在《中国文化语言学》序言中写道：“语言与文化，在中国思想史上也是一个古老而又年轻的话题”（申小龙，1990）。古老在于，中国古代的语言研究一开始就和中国文化的阐释联系在一起，如经学典籍的传承和阐释是通过传统的语文学—小学进行的。年轻，则是因为在 20 世纪初，在现代语言学研究中，抛弃了中国语文研究的文化传统，所以在张先生看来，重新开始语言和文化的研究，对中国的语言研究和文化建设都具有深远的意义。

语言学家罗常培的《语言与文化》（罗常培，1950；罗常培，胡双宝，2009）是研究语言与文化具有里程碑意义的著作。他认为语言和文化之间存在着密切的关系，在他的著作中，他从六个不同的方面论述了语言和文化的关系：从语词的词源和演变追溯过去文化的遗迹、从造词心理看民族的文化程度、从借字看文化的接触、从地名看民族迁徙的踪迹、从姓氏和别号看民族来源和宗教信仰和从亲属称谓看婚姻制度。

不同于西方把语言文化的研究划归于人类学的传统，国内的文化语言学是研究语言与文化关系的学科，始于1985年（邢福义，2006：3）。虽然它与文化和语言都有着密切的关系，但是从理论上讲，它既不是语言学的分支，也不是文化学的分支，是有自己独特研究对象和研究目的的独立学科。

李佐文（2005）认为，语言、文化和思维之间是互相影响的。语言和思维是文化的一部分，语言负载着思维和文化，而语言和文化是思维的实现，三者统一于一整体。

赵惠霞和周憬（2008）认为语言是一种特殊的文化，其特殊性在于，按照国内对文化的狭义定义，语言本身就是人类文化的一部分，并且，语言还是文化的记录者和传播者。正是如此，文化之间才可以相互交流，文化自身也可向纵深发展。

综上所述，国内外学者从不同角度，对文化进行了定义，并就语言、文化和思维的关系进行了阐释。国外的研究，无论是以哲学思辨为基础、还是以人类学的实践特征为基础的研究，都关注了语言结构类型的文化特征、语言和它所反映的民族精神和语言的社会文化功能。虽然这与中国以经学阐释为特征的人文主义研究方法不同，但他们在语言的本质、结构、功能等方面都达成了一定的共识。这为下文文化语用能力的研究提供了理论保障。

3.2 文化语用能力的定义及特点分析

本小节拟提出本文对文化语用能力的定义，并将文化语用能力与几组易混淆概念进行分析说明，之后对文化语用能力的特点进行分析。

3.2.1 文化语用能力定义

张晶薇（2007）在语用能力研究中提出了语用文化能力的概念，

认为语用文化能力的核心是交际者对母语文化和二语文化的相知、相容的能力。提出的本意是为了引起在语用能力研究中对语言文化关系研究的重视。但遗憾的是她并未在此基础上进行深入分析。

本文提出文化语用能力，而不是语用文化能力，一方面是由于本文对文化语用能力的界定和研究，不同于张晶薇的视角，因此需要加以区分；另一方面，本文认为，文化语用能力是语用能力研究的一个维度，把文化放在语用能力之前作为定语，是强调文化语用能力对语用能力的附属关系，并且再次确认研究的焦点仍在语用能力研究的范围内。

本研究提出的文化语用能力，理论基础来自于 Bachman 的交际语言能力框架。本文认为，文化语用能力是语用能力研究的一个维度，是正确理解和实施言语行为的因素。文化语用能力包括两个方面：一方面是学习者所具备的内化的、隐性的能力，它的存在不仅使学习者能够习得和学习母语文化相关知识，还使他们能够习得和学习非母语（二语或多语）的文化知识（本文主要针对二语而言）。也就是说，文化语用能力不仅存在于母语文化的习得和学习中，也存在于二语文化的习得和学习中。并且，文化语用能力的存在不但实现了学习者对母语文化知识和二语文化知识在认知系统中的感知、注意和记忆，又实现了母语文化知识和二语文化知识通过认知系统中同化、顺化的作用，不断发展；另一方面，文化语用能力还是对这种文化知识理解和调用的能力，即使用文化知识的能力。文化语用能力在具体的交际环境中被激活，并匹配不同的社会文化因素进行输出，与语用能力其他部分和语法能力共同作用，顺利完成交际。

3.2.2 几组易混淆概念分析

本小节主要区分本文中的文化语用能力定义和其他易混淆概念。

首先，Leech（1983）把普通语言学分为语用语言学和社交语用学，并认为后者与社会文化相关。Thomas（1983）在研究语用失误时，把语用失误分为语用语言失误和社交语用失误，认为后者是由于缺乏社会能力（social competence）造成的。社会能力又被定义为在两种不同语言交际时该做什么，什么时候做，对谁做的行为策略（performing strategies）。由此可以发现，Leech 的社交语用并没有上升到能力的层面，而 Thomas 的社会能力最终被定义为一种策略。这和本文对文化语用能力的理解存在着一定的区别。

其次，Canale 和 Swain 把社会语言能力定义为在特定的社会文化背景下，依据诸如话题、参与者、环境和互动规约等语境因素，正确理解和恰当表达话语（Canale & Swain，1980）。后又补充说明，社会语言能力是在特殊语境下社会文化规则知识的运用；Allen 等学者把社会语言能力定义为对语域的敏感性（Allen et. al.，1983，转引自 Bachman，1990：86）；而 Bachman（1990：94）把社会语言能力定义为由特定语言使用语境所决定的语言使用的敏感度和对规约的控制。他认为社会语言能力能够让我们用合乎语境的恰当方式执行语言功能。并且，社会语言能力包括对语言变体、语域、地道语言、文化所指和修辞语的敏感度。Canale，Swain，Allen 和 Bachman 对社会语言能力的定义更加注重的是这种能力的运用，但对社会语言能力作用的过程并没有进行具体解释。比如 Bachman 在对社会语言能力的分析时，只是举出了具体的例子，而没有从获得和培养层面进行阐释。

第三，文化语用能力和社交—语用能力。Widdowson（1989）把能力分为了知识（knowledge）和技能（ability）。前者被重新定义为语法能力（即为 Hymes 交际能力中可能性参数），后者被重新定义为语用能力（即 Hymes 交际能力中的其他三个参数）。语用能力又细分为语用语言能力和社交—语用能力，社交—语用能力主要指根据一定的社会文化规则进行得体交际的能力；李怀奎（2013：13）从语言和交际的功能把语用能力划分为语用语言能力和社交语用能力。后者被定义为具备目的语一定的社会背景和交际语境的知识，避免做出不得体的言语行为。

Widdowson 和张怀奎对社交—语用能力的定义更强调的是一种技能。本文认为文化语用能力，不但包括学习者已经内化的对文化知识和因素学习的能力，还包括对这种储存于认知系统的文化知识调用和匹配的实际运用能力。

第四，文化语用能力和跨文化交际能力的区别。跨文化学家 Ruben 认为，跨文化交际能力体现在：交际者彼此的肯定和尊重；交际者在对对方行为做出反应时，这种反应是描述性的，而不是价值判断性的；在交流过程，交际双方要体现机会均等的原则，并对对方的需要有准确的把握（Ruben，1976：334 - 354），这是从交际行为的角度对跨文化交际能力的阐述；Kim（1991）认为跨文化能力是交际者自身固有的、与不同文化的人进行交往并取得成功结果的能力或素质。Kim 把跨文化交际能力作为交际者内在固有的品质看待（转引自黄和斌，2001）。Malaga（2005：40）把跨文化能力定义为同时完成三种“游戏”的能力：进行认知、理性和情感的解码并比较。并且，Magala（2005：28）认为，如果人们想了解一个地方不同文化的情况（比如有多文化存在的工作区域），那么跨文化的能力就像是所有学习的个体所必备的工具。但 Malaga 之后对跨文化能力的解释，是从管理学的角度出发的。

在国内，存在着跨文化交际能力（inter - cultural communication competence）和跨文化能力（intercultural competence）两种概念，并且不同的研究者在阐述中存在着对两个概念等同运用、单独提及一方而不涉及两者关系，或者把跨文化能力归属于跨文化交际能力之下等多种研究方式（杨盈，庄恩平，2007）。胡文仲（2013）在“跨文化交际能力在外语教学中如何定位”的分析中，认同杨盈和庄恩平把两者认为是同一概念的看法。文秋芳把跨文化交际能力分为交际能力和跨文化能力两部分。前者包括语言能力、语用能力和变通能力，后者包括对于文化差异的敏感、对于文化差异的容忍和处理文化差异的灵活性（文秋芳，2014，转引自胡文仲，2013：4）。从这个角度看，文秋芳定义的跨文化交际能力大于本文的文化语用能力，本文更强调文化语用能力是语用能力研究中的一个维度。而且，本文认为文化语用能力不仅体现在跨文化交际中，也体现在同一文化的交际中。

第五，文化语用能力和文化间能力的区别。首先，Usó - Juan 和 Martínez - Flor（2006：18）把文化间能力作为了交际能力的一部分，与语用能力是并列的关系。这一点和本文提出的文化语用能力不同，本文认为文化语用能力只是语用能力研究的一个维度；其次，她们认为，文化间能力包括文化因素和非语言交际因素，从她们的分析中可以看出，文化间能力更关注的是一种知识的“使用”。这和文化语用能力既包括“能力”，又包括“运用”的观点有一定区别；并且，Usó - Juan 和 Martínez - Flor 定义文化间能力的目的是为了强调在二语学习中，学习者本族文化和目标语文化的相互关联。这一点和本文对文化语用能力的定义也存在一些差别。本文认为，无论在母语文化习得和学习中，还是非母语文化的习得和学习中，文化语用能力都是存在的。但在二语学习中，由于母语文化和二语文化的差异，文化语用能力的表现更为明显。而且，本文的研究目的之一是为二语学习者文化语用能力的培养和提高提供可行性策略。因此，在本文的分析中，更注重从二语学习的角度对文化语用能力的研究。

3.2.3 文化语用能力的特点

需要指出的是，与文化语用能力紧密相关的文化因素，同语音、语法、词汇不同，它不像语音一样具备独立的物理形式，不像语法一样具备一定的形态标志，又不同于词汇是自由运用的单位。文化因素更多是作为一种思想观念、价值观、社会规约隐藏于语言层面发挥作用。而且，通过交际需要被激活的文化语用能力必须调用、匹配相应的文化因素才能在具体的言语交际中发挥作用。基于前文对语用能力的分析以及对文化相关内容的分析，本文认为文化语用能力具有如下的特征：

在20世纪60年代，当Chomsky首先区分“能力”和“运用”时，他的“能力”指的是本族语者内化了的语言系统，是抽象的语法；Hymes提出“交际能力”的概念后，正如黄国文（1991）所言，Hymes的“能力”大于Chomsky提出的“能力”，他的“能力”不但包括Chomsky的“知识”，还包括应用“知识”的技能。

Canale和Swain（1980）发展的交际能力模型是在Hymes交际能力研究的基础上提出的。在Canale、Swain和Kempson关于是否把社会语言能力从能力研究中划分出去的争论中，Canale和Swain认为，“有理由假设语言使用者的语法知识和语言使用知识都能通过他们运用的实现中得以抽象”（Canale & Swain，1980：6）。他们认为，社会语言能力不简单是应用“知识”的技能，还包括“知识”。

之后Bachman丰富和发展了Canale和Swain的交际能力，他的语用能力中包括了Canale和Swain的社会语言能力，还增加了言外能力，也就是说Bachman的语用能力中既包括内化的“知识”，也包括应用“知识”的技能。

本文提出的文化语用能力的概念，首先是指内化了的文化学习能力。这种能力的存在，使人们不但可以通过直接或者间接的方式习得、学习母语文化知识和非母语的文化知识，并在生理、心理、认知等各种因素的共同作用下，在大脑中得以存储以备调用；其次，文化语用能力还是一种对文化知识运用的能力，文化语用能力在具体的交际环境中被激活，并灵活调节、调用、匹配相关文化内容，与语用能力其他部分共同作用，顺利完成交际。人类具备文化语用能力是进行文化内交流和跨文化交流的必需条件。如果不具备相应的文化语用能力并进行激活和规约，只依靠语言层面的能力是不可能达到交际的成功的。

第二，文化语用能力在具体运用过程中会体现社会性和民族性的特点。正如Taylor对文化的定义所说，文化是知识、信仰、艺术、法律、道德、习俗和其他社会成员所掌握的才能和习惯的复杂综合体。那么，在社会生活中形成的文化规约，针对的不是某一个人，而是由生活在这一有组织的团体中所有人共享的，是一种集体习惯，并由团体的力量贯彻执行。文化语用能力也由于文化的这个特征，在被激活后，使用中会表现出社会性和民族性的特点。它的形成和发展不是一种个人的行为，而是社会的、群体性的行为。某个民族或团体文化语用能力形成的基础是相同的，所以在文化语用能力的研究中，能够发现和提取某一民族或文化的共性。不同点在于个体运用文化语用能力时，会因为个体的差异而造成不同，但这种不同不并足以影响一个民族文化的共性部分并使之发生改变。

第三，英国社会人类学家 Forde（1934）认为，在物理环境和人的活动之间有一个中间项（middle term），是一系列的特殊的目标和价值、一整套的知识和信仰，也就是文化（转引自 Kroeber & Kluckhohn, 1952：85）。由于物理环境和人的活动是不断变化的，从这个意义上讲，文化自身也不是静止的。它会根据物理条件等情况的改变具有适应性和可塑性。这也使文化语用能力的运用具备了动态性特性。某一民族的文化在具备其民族底蕴和特征的同时，也处在发展和变化之中，而匹配相应文化知识的文化语用能力，会随着具体文化知识的变化而有所调整，导致文化语用能力的动态发展特征。

第四，英国文化研究学者 Murdock（1940）认为，文化不是本能的，或者天生的，或者是通过生物遗传的，它是由各种习惯构成的，是个体在出生后通过自己的生活经验所获得的（转引自 Kroeber & Kluckhohn, 1952：122）。John Hooker（转引自 Slawomir Magala, 2005）也认为，我们必须学习文化，就像我们必须学习语言一样。我们必须学习如何参与有意义的实践。文化是可以习得和学习的，习得或学习到的文化知识需要文化语用能力的调用使其发挥作用。如果说能力是不可教的，但能力的使用是可以培养的。并且，文化语用能力调用和匹配文化信息的方式是可以通过策略进行干预的。有学者认为文化是一种学习的行为模式，那么文化语用能力就是特定的行为模式中的组成部分。一些文化知识是具有普适性的，这也是人类交际能够进行的基础。也有一些文化知识，存在着很大的差异。虽然学习者具有文化语用能力，但需要教学的干预和激活，使他们认识到这种能力，意识到他们所掌握的信息，并运用到正确的交际环境，达到交际的顺利进行。

第五，文化语用能力激活和强化的过程具有模因的特征，这是从语用学层面对文化语用能力特征的概括。Murdock（1940）在对文化的分析中指出，人类许多习惯的学习是通过他们的父母一代代传下去的，并且，是通过重复的灌输，随着时间的推移获得永久性的记忆。这一点符合 Richard Dawkins 在《自私的基因》（The Selfish Gene）中所提到的文化模因。模因是文化传递单位，通过模仿和复制在人的大脑之间相互传染和传播。文化语用能力的激活和强化的过程类似于基因的复制过程，等同于模因对大脑的感染和传播。也正是因为具有模因的特征，文化语用能力才可能在大脑中固化并支持交际的顺利进行。

第六，人类学家最早做出了关于文化适应的研究，探讨较为落后或原始的文化群体，如何通过和相对发达文化群体的接触而改变他们的传统、习俗和价值观。另外，心理学家也对文化适应进行了研究。本文认为，正如文化具有适应性一样，文化语用能力也具备适应性。但文化能力所具备的适应性，一方面是指文化语用能力的存在，使得学习者可以不断学习和接受新的和变化中的文化信息知识。另一方面是指文化语用能力的适应性，使学习者对于来自不同民族和文化的信息，可以在认知系统中通过同化和顺化的过程而吸收和记忆。

第七，文化语用能力的发展涉及认知和心理的过程。文化语用能力作用的发挥，需要调用和匹配相应的文化信息。这些文化信息的习得和学习，涉及了感知、注意、记忆等多个认知和心理的发展过程。并且，文化信息在认知系统中以图式、框架、脚本等多种方式进行储存，以供文化语用能力调用和匹配。这些图式、框架、脚本的储存过程也涉及了认知和心理的过程。按照社会文化心智观的观点，文化因素对认知成果的产生、发展和完善也是有促进、引导和约束作用的。比如在一定的文化环境中，文化资源的不均衡会促进或阻碍认知的正常发展，进而影响到文化语用能力的发展。

第八，文化语用能力的描述可以借鉴“脚本理论”的方法。Schank 和 Abelson 在 1975 年的人工智能国际会议上首先提出了“脚本理论”，把它定义为“描写特定情景中事件恰当程序的结构……是预先设定的、常规性的动作程序，可用来限定一个熟知的情景（转引自王寅，2007：211）。文化脚本被分为三类：情景脚本（situational scripts）、角色脚本（personal scripts）和工具脚本（instrumental scripts）。且有研究认为脚本是框架之一，是为了加工自然语言、分析语篇生成和理解而设计的（Lehnert，1980：85；Cook，1994：80）。因此，当描述具体言语行为中文化的影响因素，并分析文化语用能力的存在和发展时，可以采取“脚本理论”的方法，建立“文化脚本”，分析文化的影响因素会对交际者的言语行为所产生的影响。

基于语用能力研究和文化研究，本文对文化语用能力的特点进行了总结和概述。需要说明的是，本文对文化语用能力的研究，目的是让研究者和学习者意识到文化语用能力在交际中的重要作用。需要注意的是，对文化语用能力的研究不等于对其作用的无限夸大，这是研究中应该把握的原则之一。

3.3 二语学习者文化语用能力调查及分析

文化语用能力是语用能力研究的一个维度，在人类的交际中发挥着作用。不论是同一文化内的交际，还是文化间的交际，文化语用能力都发挥着它的作用。以往的研究中，有关语用能力的调查，题型包括判断正误、篇章完型、调查问卷等多种形式。调查目的包括验证语用语言策略的使用、在特定语境下的应答能力、具体言语行为的表达能力（包括请求、拒绝、道歉等）等（何自然，阎庄，1983；洪岗，1991；甘文平，2001；李悦娥，范宏雅，2002；刘建达，2005，2006，2007；姜孟，2006；刘建达，黄玮莹，2012；姜占好，周保国，2012；姜占好，2013）。但着重文化语用能力的调查并未出现。

由于文化语用能力是本文研究的核心内容，因此，本文认为有必要针对文化语用能力的相关因素进行验证性的调查和分析。首先，本文认为文化语用能力不仅是对文化的习得和学习能力，也是母语者在习得母语时习得文化、并且对习得的母语文化了解和调用的能力；其次，文化语用能力还是二语学习者通过对非母语文化的学习后，能够根据具体语境对母语文化知识和其他文化知识进行调节和调用的能力。由于学习者母语文化可以随着母语习得的过程同时习得和学习，并且多数情况下隐藏于语言表达中，因此，文化语用能力在学习者母语文化内虽发挥着作用，但表现得不明显。而且，本研究的主要目的之一，是为了验证文化语用能力在二语学习中的作用，即当母语文化和其他文化出现不同时，二语学习者是否具有这种能力，调节、调用和匹配相应的文化因素进行恰当的交际。

据此，本调查在参考英语文化教学和对外汉语文化教学大纲、教材编写、教学实践相关研究的基础上（吕必松，1986，1988，1992，1993，1995；陈光磊，1994，1997；曹文，1998；朱媞媞，2003；陈冰冰，2004；赵宏勃，2005；刘雁铃，2007；马冬虹，2007；张英，2004，2009；华萍，2012），设计了调查问卷。

吕必松说，“影响语言理解和语言使用的文化因素多半是隐含在语言的词汇系统、语法系统和语用系统中的反映一个民族的心理状态、价值观念、生活方式和思维方式、道德标准和是非标准以及风俗习惯和审美情趣等等的一种特殊的文化因素。这类文化因素对语言和交际有规约作用，但是本族人往往不容易觉察，只有通过对不同民族的语言和交际的对比研究才能揭示出来（吕必松，1992：64）”。他肯定了语言是文化的载体，也强调了在语言学习中文化的重要作用。但在当时尚未把语用能力及相关的文化语用能力作为研究的主要内容。借鉴吕必松的观点，本文设计了“文化语用能力的调查问卷”，试图通过对中国英语学习者和正在学习汉语的留学生的文化语用能力调查，从特定角度验证文化确实是语言学习和使用中的重要组成部分，会影响到二语学习者表达和交流，并且，文化语用能力是可以培养的。

3.3.1 调查目的和对象

本问卷调查是在其他学者对语用能力进行研究和论证的基础上，主要针对文化语用能力的问卷调查。如前文所述，在外语学习中，不仅要掌握好语言层面的知识，更要掌握在什么样的场合用什么样的方式说什么或者不说什么，即语用能力至关重要。在以往的调查研究中，更多的是从言语行为层面对语用能力的调查和分析，缺少专门针对文化层面的分析。这是因为文化本身的特点在于其更多地隐藏在语言之中发挥作用，因此很难直接对文化语用能力进行评价。由于本族语者在习得本族语言的同时，也相应地习得了文化，虽然可能习得语言的水平和文化的水平会存在一定的差异。在本族文化内交流的过程中，这种文化发挥作用的表现不是非常明显。但如果交际发生在处于不同民族和文化背景的人之间时，这种文化层面的差异在交际中造成的影响会远远大于相同文化背景交流者之间的交际。这种情况下，文化语用能力的重要作用则会表现得比较明显。

因此，调查问卷的目的是验证文化语用能力在二语交际中的重要作用，并分析二语学习者在文化学习和习得上可能存在的问题及潜在的原因，提出培养文化语用能力的建议。

调查主要包括以下几个方面的内容：

1）文化语用能力是否会对二语学习者的成功交际产生影响？

2）二语学习者语言能力的发展与文化语用能力的发展是否成正相关？

3）二语学习者学习语言时间的长短是否和文化语用能力的发展水平成正比？

4）二语学习者的文化学习掌握较好的方面是什么？可能的原因是什么？

5）二语学习者文化学习掌握不好的方面是什么，可能的原因是什么？

本文认为，文化中的差异既可以反映于语言层面，又可以反映于非语言的层面，但由于考虑到调查可操作性的问题，调查问卷主要涉及了语言层面与文化因素相关的内容，即从语法、语义、语用三个角度对体现出的文化信息进行考查。

调查问卷分为英语版和汉语版，测试问题大致相同，但个别题目的选择存在差异。目的是更加明显地表现出不同文化在交际中起到的重要作用。英语版是为在中国学习汉语的留学生设计的，考虑到目前他们学习汉语的程度可能会影响到他们对调查问题的理解，因此调查问卷选择了目前为止最为通用的英语作为问卷调查的语言。汉语版是针对目前国内学习英语的中国学生设计的，基于同样的考虑，问卷采取了中文的形式，目的是防止学生的语言能力影响到他们对题目的理解，进而影响到对文化语用能力作用的调查。

调查对象主要包括在中国学习汉语的留学生和国内学习英语的中国学生。留学生主要来自于清华大学和福建师范大学，由于留学生一般按照学习汉语水平的高低进行分班，因此，参加调查的留学生按照其目前所在的学习班级，分为了初级组、中级组和高级组，共 112 人。在后期数据统计中，由于调查对象未注明汉语学习等级、国籍或者漏答的情况，最终有效问卷为 100 份，问卷总有效率为 89.3%。留学生从性别来看，女生 53 人，占总数的 53%。男生 47 人，占总数的 47%；从语言水平看，初级组人数 21 人，占总数的 21%，中级组人数 56 人，占总数的 56%，高级组 23 人，占总数的 23%；从国籍看，包括美国、英国、德国、墨西哥、秘鲁、智利、加拿大、菲律宾、印度尼西亚、俄罗斯、印度、乌克兰、土耳其、日本、韩国等在内的共 22 个国家的留学生。

国内学习英语的学生，主要来自于国内三所高校。由于国内的英语教育特点，英语学习者学习英语时间较长，大学分班的依据也主要是按照专业和高考成绩，因此比较难于按照学习时间来进行分类。但由于国内的外语教学，不管是英语专业还是非英语专业，都要通过一定等级的英语考试，而不同等级的考试在一定程度上可以说明目前学生学习英语语言能力的高低。因此，中国学生的调查数据按照学生通过的英语等级水平考试作为划分标准。据此标准分为尚未参加考试组、英语四级组、英语六级组、英语专四组、英语专八组，共 123 人，去除漏填个人信息或漏答题的无效问卷，最终有效问卷为 113 份，问卷总有效率为 91.9%。其中，中国学生按性别来看，男生 43 人，占总数的 38%，女生 70 人，占总数的 62%；按语言水平来看，尚未参加考试的为 52 人，占总人数的 46%，通过了英语四级考试的为 55 人，占总人数的 48.7%，通过六级考试的、专业四级考试的和专业八级考试的人数分别为 5 人、1 人和 0 人，占总人数的比例分别为 4.4%、0.9% 和 0%。

3.3.2 问卷的设计和方法

借鉴吕必松（1986，1988，1995）的观点，两份调查问卷分别侧重对汉语、英语中文化因素的考查，包括单选题和多选题。单选题主要侧重二语学习者对特定文化信息掌握的精准度，而多项题除考查文化信息的精准度外，还注重二语学习者文化语用能力发展不同阶段的文化产出能力和文化理解能力。测试点的选择参考了学者们对外汉语文化教学、大学英语文化教学的相关研究。考虑到文化多以语言载体的形式呈现，问卷中涉及的文化语用能力的考查，主要体现在语义、语法和语用三个层面。

为了提高调查问卷的信度和效度，问卷调查提示参加问卷调查的二语学习者，所有的数据仅供研究使用，没有分数和等级的评判，也不和考试挂钩，避免他们的不合作情绪。为了保证参加问卷调查的二语学习者不会因为长期以来形成的考试思维进行答题，出现猜答案的情况而影响到调查的结果，问卷特别注明，“如果对选项不确定，请直接选择‘我不确定’”，相应地每道题目中都包括这一选项。帮助问卷调查实施的老师在进行调查前，也再次强调了这个问题。调查问卷的题干和选项简洁清楚，尽量避免在语言层面影响到被调查者顺利答题。调查问卷详细内容请参见附录1。

3.3.3 调查问卷结果分析

根据调查问卷设计的目的，结合调查结果，下文拟对以下几个问题进行分析：文化语用能力是否会对二语学习者的成功交际产生影响？第二语言能力的发展与文化语用能力的发展是否成正相关？学习第二语言时间的长短是否和文化语用能力的发展成正比？二语学习者的文化学习掌握较好的方面是什么？可能的原因是什么？二语学习者文化学习掌握不好的方面是什么，可能的原因是什么？这些会对文化语用能力的培养有什么影响？

3.3.3.1 文化语用能力作用的验证

首先，文化语用能力是否会对二语学习者的成功交际产生影响？答案是毋庸置疑的。如前文所述，文化和人的思维有着密切的联系。在不同民族、文化背景下生活的人，由于他们所处的文化背景和特征的不同，因而也形成了不同的思维方式。思维方式的差异本质也是文化差异的表现。由于思维方式与语言存在着密切的关系，这种思维方式的差异，又会体现于语言形式中。

问卷中的测试内容，着重的是英、汉文化中差异比较大的部分，文化上的差异会导致思维的差异，进而导致语言层面理解的不同。如果不注重文化层面的差异，势必会影响文化语用能力作用的发挥和交际的顺利进行。而且，从被调查者的文化语用能力总体情况看，留学生和中国学生的正确率平均值分别为71%和72%，见表3－1，数值也反映出在文化学习方面，仍然有继续进步的空间。

表3－1　文化语用能力调查总正确率统计表

被试者	正确率			
	平均值	众数	最大值	最小值
留学生	71%	80%	100%	10%
中国学生	72%	80%	100%	30%

3.3.3.2　语言能力与文化语用能力的关系

关于二语学习者语言能力是否和文化语用能力的发展成正比的问题，按语言学习水平划分的留学生文化语用能力调查的结果能在一定程度上说明问题，结果如表3－2所示。

表3－2　留学生按学习水平分级平均正确率统计表

级别	人数	比例	平均正确率	分值众数	最高正确率			最低正确率		
					值	人数	所占比率	值	人数	所占比率
初级	21	21%	63.81%	60% 80%	90%	4	19.05%	10%	1	4.76%
中级	56	56%	71.79%	80%	100%	1	1.79%	40%	1	1.79%
高级	23	23%	77.39%	80%	100%	4	17.39%	50%	3	13.04%

从表3－2中可以看出，留学生组的平均正确率是随着其语言水平

的不同而出现了差别：从初级组到高级组的正确率从63.81%增长到77.39%。并且，初级组中最高正确率是90%。到了中级组和高级组，都出现了所有题目全部答对的情况。根据众数数据可以推测出，在初级组，大部分留学生能答对6道题或者8道题；在中级组中，大部分留学生都能答对8道题；在高级组，大部分留学生能答对8道题。初级组中，最低的正确率为10%，即只答对了1道题，而在中、高级组中，最低正确率分别为40%和50%，即中、高级组中，最低答对的题数分别是4道题和5道题，较初级组有所增高。

从留学生组可以看出，文化语用能力的水平还是随着二语语言水平的提高而出现了提高。可以推测，在二语的学习过程中，随着语言习得和学习的过程，文化也经历了一个习得和学习的过程。虽然可能和二语语言习得和学习在进度上存在差异，但两者存在正相关的关系。

中国二语学习者的文化语用能力调查情况如表3-3所示。根据统计结果，参加调查的中国二语学习者，通过专四考试的仅有1人，而通过专八考试的为0人。因此，在分析中，虽然保留了这两组数据，但本文认为样本量较小，不具有代表性。从其他组别统计的正确率来看，未参加任何考试的、参加四级、六级考试的平均正确率分别为69.5%，73.45%和78%，文化语用能力的提高和语言能力的提高也呈现出一定的正相关关系。

表3-3　中国学生按考试级别分级平均正确率统计表

中国学生			平均正确率	正确率众数	最高正确率			最低正确率		
考试级别	人数	比例	72.48%	80%	值	人数	所占比例	值	人数	所占比例
未参加	52	46.02%	69.5%	80% 50%	90%	7	13.46%	30%	2	3.85%
四级	55	48.67%	73.45%	80%	100%	2	3.64%	40%	1	1.82%

续表

中国学生			平均正确率	正确率众数	最高正确率			最低正确率		
考试级别	人数	比例	72.48%	80%	值	人数	所占比例	值	人数	所占比例
六级	5	4.42%	78%	80%	80%	4	80%	70%	1	20%
专四	1	0.89%	80%	80%	80%	1	100%	80%	1	100%
专八	0	0	0%	0	0%	0	0	0%	0	0%

3.3.3.3 语言学习时间和文化语用能力发展水平的关系

二语语言学习时间的长短是否和文化语用能力的发展成正比？由于中国学生学习英语的时间很难界定，因此，在这部分只对留学生的数据进行分析，具体情况见图3-1。留学生按照学习汉语的时间，分为了6个时间段，分别是0~1年，1年以上~3年，3年以上~5年，5年以上~7年，7年以上~9年和9年以上。各段的人数分别为16人、48人、20人、2人、2人和12人，这6个时间段的正确率分别为65%、75.84%、70%、80%、55%和72.5%。由于两个时间段（5年以上~7年、7年以上~9年）内只各有两人，数据样本较小，所以在分析中只是作为一个参考。从整体情况来看，在开始学习第二语言后的一段时间，文化语用能力出现了一定增长。之后的数据可以看出，学习二语到了一定时间之后，文化语用能力的水平不再有明显的提高。并且，9年以上的汉语学习者，他们在文化语用能力水平上相较于时间短的学习者没有很大的进步。分析考虑，由于很多的文化因素是隐含在语言之中的，是否在二语学习中语言层面的石化会影响到文化的习得和学习？这也是未来值得考证的问题。

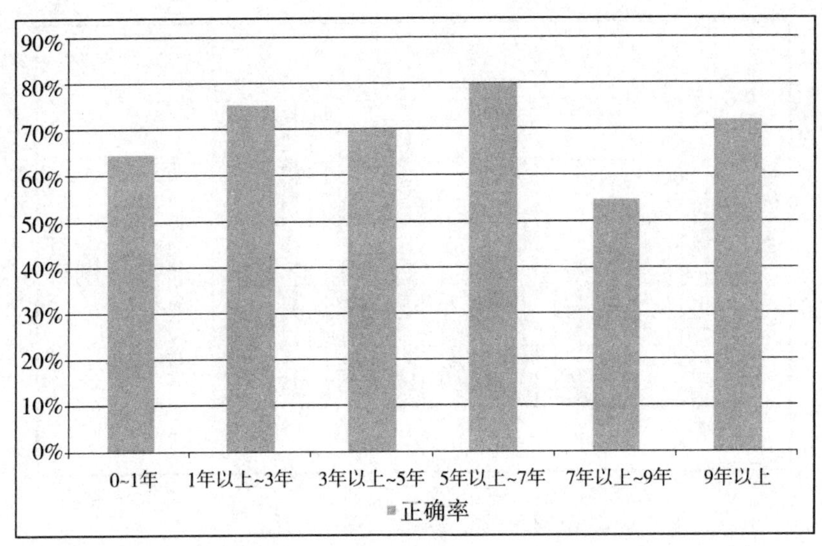

图3-1 留学生按学习时间统计的总正确率

3.3.3.4 调查问卷具体问题分析

在调查问卷中，涉及了语法、语义和语用三个层面中隐含的文化知识的考查，具体情况见表3-4。关于文化语用能力调用、匹配相关文化知识进行输出，哪些方面是二语学习者掌握较好的部分，哪些是较差的部分，而可能的原因是什么，本文拟从留学生组和中国学生组分别进行分析。

表3-4 文化语用能力调查问卷中文化知识分类

组别	语法层面题号	语义层面题号	语用层面题号
留学生组	3，6	4，5，7	1，2，8，9，10
中国学生组	3，6	4，5，10	1，2，7，8，9

首先看留学生组，从分题统计结果看，初级组、中级组和高级组平均正确率达到90%以上的题目分别是第1题、第4题、第6题和第8题。具体分布情况请参看图3-2。

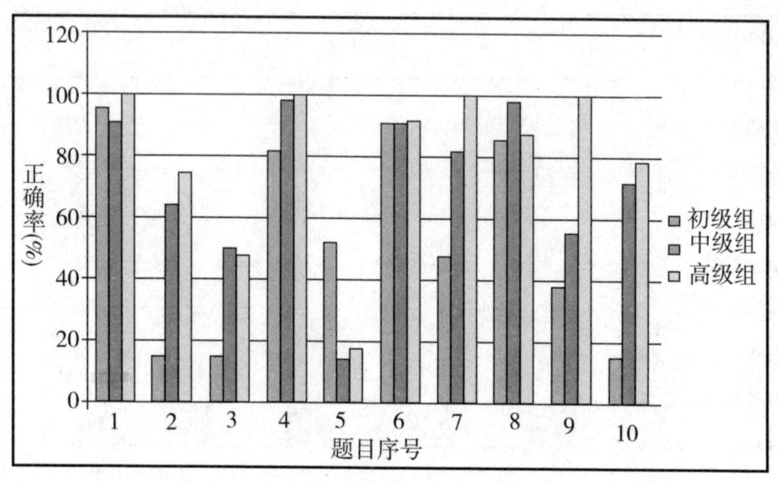

图 3－2 留学生正确率统计

第 1 题：Your Chinese teacher's name is Wang Fang. What's her family name?

A. Wang　　B. Fang　　C. I'm not sure.

该题涉及了不同文化中关于称谓的问题，也是存在差异较大的部分。大多数在世界上的人，都有自己的姓名相伴。有了姓名，才能将个体和大众进行区分，才能正常地生活。姓名是人类历史中蕴含着丰富文化意义的重要组成部分。英、汉姓名的共同点在于都由姓和名组成，不同点在于汉语中姓在前名在后，而英语恰好相反。这种现象的出现不是一种偶然，而是有历史文化原因的。姓氏文化在汉文化中源远流长，自原始社会母系氏族初期的“姓”，就是母系血统为区分其他氏族所取的称呼（关永礼，2009）。美国民族学家摩尔根（又称莫尔根）在《古代社会》（Ancient Society）中说，“我们的萨克森（Saxon）祖先，知道被诺尔曼（Norman）人征服时代，单有个人名字，而无表示家族的姓氏”（莫尔根，1957：84）。但从答题的结果来看，即使是初级阶段的学习者，正确率也高达 95%，而到了高级阶段的学习者，正确率是 100%。究其原因，不一定二语学习者都了解其背后的深层文化，但由于姓名是日常生活和人际交流中，频繁接触到的内容，与交际紧密相关才使得其习得相对于其他文化因素较快。这也出现了一个问题，在此类交际问题中，虽然二语学习者可能并不了解其背后的深层文化，但由于交际所需要的精确性的差异，文化语用能力可以调用并匹配相关文化信息而达到交际成功。但如果交际中需要文化语用能力调用和匹配更为精准的文化信息，可能交际就不能成功，这也说明，在文化语用能力的培养中，也应该注意区分文化信息的粗加工策略和精细加工策略的使用。类似的结果出现在第 6 题有关日期的表达法中。英汉两种语言中运用不同的语序来组织语句，语法的特殊性也是受特定民族文化背景和文化心理的影响。

再如第 4 题。三个等级学习者此题的平均正确率达到 95%，是所有问题中最高的。而且，从初级、中级、高级三个等级的学习者看，正确率分别为 80.96%、98.21% 和 100%。

第 4 题：The mythological animal "dragon" in Chinese culture is ______.

A. Good　　　　B. Evil　　　　C. I'm not sure.

从词汇和语义层面看，龙在两种语言中虽然指称意义相同，但文化内涵截然不同。汉语中象征着皇权、高贵和勇敢的龙在英语中却经常用来指邪恶和灾难。但是，从统计结果来看，这种文化内涵差异很大的知识被二语学习者成功掌握。究其原因，一方面"龙"是中国传统文化中非常具有特点的文化词语，受到了更多的关注；另一方面可能由于"龙"在两种文化中存在着较大的差异，从认知的角度看，这种较大的差异反而是更容易被感知、记忆并且被文化语用能力成功调用的。

第 8 题的正确答案有 3 个。选项 B 和 C 是比较传统的中国人的回答方式，中国这种"自谦式"的对赞扬的回应，和英语直接表示感谢的方式有着很大的差别。目前随着文化间交流的不断增加，选项 A 也成为了大家普遍接受的回答方式之一。这也说明，文化具有适应性，文化语用能力也会随之进行适当的调整。在数据统计中，选对其中一个的都算为对。但研究也发现，大部分留学生选的答案是非常具有中国特色的C选项“哪里哪里”，其次是B选项“真的吗？我不觉得啊”。反而是直接表示谢意的“谢谢”，是留学生选中率最低的。这也说明，应该注意到文化的适应性，并在语用能力培养策略中加以重视。

第8题：When you say to a Chinese friend that her dress is beautiful, which of the following response do you think is acceptable in Chinese?

A. 谢谢！　　B. 真的吗？我不觉得啊。

C. 哪里哪里。　　D. I'm not sure.

通过数据分析也发现，一些问题随着二语文化学习和习得的过程，正确率有了非常明显的提升。较为典型的有第9题和第10题。

第9题：When a Chinese says to you“真是麻烦你啦！”He wants to show his ________.

A. gratitude　　B. apology　　C. I'm not sure.

在初级组，此题的正确率只有38.1%，到了中级组的正确率是55.36%，到了高级组，正确率为100%。这种以歉致谢的方式是中国比较典型的道歉语中的一种，是蕴含着中国文化内涵的一种言语行为方式，也是和西方文化中的道歉存在差异较大的部分。从结果来看，文化语用能力的提高是可以随着习得和学习而得到提高的，但由于调查问卷条件的限制，无法进一步验证学习者们对此种言语行为背后深层文化的掌握程度。

类似的还有第10题。初级组、中级组和高级组的正确率分别为14.29%、71.43%和78.26%。正确率随着文化的习得和学习，有了提升。而且，此题的难度在于，从考查内容看，涉及了语音和语义两个层面的考查。“伞”和“钟”分别谐音“散”和“终”，不符合中国文化中祈求吉利，避凶驱邪的文化心理。反映到语用层面，则是与此谐音的事物和词语都要避讳；而且，题目出现了不止一个正确答案，在数据统计中，选中其中一个正确答案的都算为对，但也特别统计了能选中所有正确答案的二语学习者，结果显示，9位全部选对的二语学习者均来自于中级和高级学习者。

第10题：Which of the following do you think may not be good as a present for a Chinese?

A. an umbrella　　　　B. a clock

C. fruits　　　　D. I'm not sure.

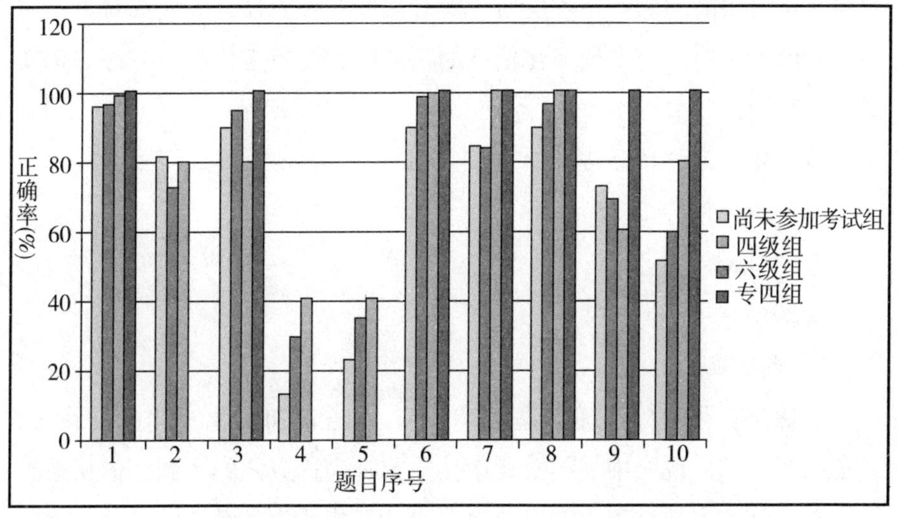

图3－3　按不同学习水平分组中国学生的分题统计正确率

再看中国学生组。根据分题统计结果，正确率达到90%以上的题目分别是第1题、第3题、第6题和第8题，如图3－3所示。而且，随着英语学习水平的提高，可以发现文化语用能力也在逐步提高。第1题对应的是留学生卷的第1题，是有关中英姓名的问题，中国学生的总正确率达到了97.35%，也就是说，在所有参加测试的学生中，只有4名学生选错了答案。如前文分析，在日常交流中频繁使用的文化信息，应该是比较容易习得的。

第1题：在英语课上，你的外教的名字是Susan Gass。她的姓是________。

A. Susan　　B. Gass　　C. 我不确定

第3题和第6题涉及从语法层面反映文化，正确率分别为97.35%和94.69%。第3题是中、英两种语言中地址书写的不同方式。第6题是针对中、英两种语言中的日期表达。尤其是第6题，正确答案不止一个，同样，在统计数据时，选对一个即算正确。结果发现，被调查者至少掌握了一种英语中日期的正确表达，但如果从掌握文化信息的精准程度和文化语用能力的产出程度看，所有被调查者中仅有1人选对了所有答案，这也说明，在掌握文化信息的精准度和提高文化产出方面，仍有提高的空间。

第6题：如何用英语表示2015年1月1日？

A. January 1st，2015

B. 1st January，2015

C. 2015，January 1st

D. 我不确定

再如第8题，总正确率是93.81%。在语言和文化对比的文章中，经常以此为例，说明中、英文化中接受称赞表达方式的不同。但从统计结果看，绝大多数被调查者已对这一表达形式非常熟悉，并且能正确地做出反映。这也表明，随着时代的发展，文化的某些方面也随之产生着变化，从而影响到文化语用能力的调用和匹配，做出最符合社会文化发展需要的调整。

第8题：你称赞一位美国朋友的衣服很漂亮（Beautiful dress!），你觉得她会怎么回答？

A. 谢谢!

B. 我是在中国买的!

C. 还可以吧。

D. 我不确定。

汉、英文化的特殊性和不同的文化价值体系可以影响到人们在语言中的使用。而文化语用能力的一种反映形式，是看在文化间出现偏差的时候，人们是否能注意到偏差，并在共享差异文化信息的同时，能调用相关文化信息知识，做出正确的解读和反映。

同时，调查也发现，两组问卷中，都存在一些题目的正确率比较低的情况。比如在留学生问卷中的第5题，三组的平均正确率只有15%。类似的关于颜色的问题，也出现在中国学生问卷中的第5题，正确率也只有33.63%。

留学生卷第5题："green - eyed" equals which expression in Chinese?

A. 眼绿　　B. 眼红　　C. 眼蓝　　D. I'm not sure.

中国学生卷第5题：英语中表示"嫉妒"可以说________。

A. green - eyed　　B. yellow - eyed　　C. red - eyed　　D. 我不确定

根据心理学研究，个体在习得语言的初期，对颜色的理解和情绪存在着很大程度的个人偏好。但随着习得语言和文化，这种有关颜色所表达出的某种情绪开始受常识性知识和社会规约的影响，逐步形成在同一文化中比较固定的对于颜色的情绪，比如有关某种颜色的正面或负面、积极或消极的情绪。绿色在英文中可以表示嫉妒，英语中还有"be green with envy"（妒火中烧）的表达。在汉语中，绿色没有这样的意义。究其原因，在英语文化中，绿色有表示"嫉妒"的情绪意义。在汉语中，相似的意义则存在于"红色"的情绪意义中。这种差异造成了留学生在理解上的困难。根据统计结果，有53位留学生都选择了"眼绿"。可以发现，文化差异带给了人们不同的心理和感受，也影响了人们的思维，进而影响到了语言表达。但也存在其他可能性，即文化知识的记忆错位。因为在中国文化中，也存在"眼睛发绿光"的说法，表示"贪婪"。因此，研究认为错误率高的原因也可能是留学生在学习汉语中，对于一些类似表达掌握没有到位，从而造成了文化记忆错位。

在中国学生的问卷中，反映在语义层面的文化因素，如第4题，平均正确率只有23.01%，是涉及动物词汇隐喻的问题。

第4题："He is a bear at math.（bear－熊；math－数学）"这句话的意思可能是________。

A. 他数学一直学不懂。

B. 他学数学是个天才。

C. 我不确定。

动物词汇也是建立在民族文化心理和人类共同的生理反应基础之上的，特定的民族文化心理对文化语义的不同理解起了决定性作用。张绍滔教授说，"汉语词语的特色文化内涵是词语在具体的语言环境中，通过某些修辞手段的运用，由词义的临时性的功能而逐步转移固定下来的。"（张绍滔，1996：64），这也证明在此部分的文化语义学习中仍存在一定的漏洞。

3.3.4 调查问卷小结

胡文仲曾说："学习一门外语就意味着学习它所构筑的一整套文化世界；掌握一门外语，就意味着获得一种新的对世界的看法。"（胡文仲，1994：4）在习得和学习一种语言的过程中，文化也在相应地习得和学习，但很有可能，语言和文化习得和学习的速度和精准度方面仍存在着一些差异。这种差异造成了二语学习者语法能力和语用能力的偏差，进而可能会影响交际的顺利进行。因此，本文认为，在对文化语用能力相关概念和特点进行定义的同时，注意从文化的视角观察和分析文化语用能力发挥的作用。还要对文化语用能力的发展做出一定的判断和预测，有利于下文从认知视角和民族志语用学视角对文化语用能力的分析和解读。

调查问卷中，也存在着一定的问题：首先，在问卷设计过程中，考虑到题量可能会影响到被调查的二语学习者回答问题的积极性和合作程度，最后的中、英文问卷中都只包含了十道问题。问卷题量的多少和调查范围的大小都会影响到结果的准确性和可信度，这是今后调查中应该继续完善的方面；第二，在留学生的问卷回收后发现，一些留学生的母语（或一语）并非英语，比如，来自日本和韩国的学生。这就说明，这部分学生学习汉语可能是作为二语，也有可能是三语或其他，这种差别对调查结果会有多大影响，是今后继续研究中应该注意和思考的问题。

3.4 小结

本章首先对国内外的文化研究进行了综述，从整体观、认知观等多个角度对文化进行了定义并分析文化的特点。又从语言、文化、思维三者的关系入手，认为语言、文化、思维三者的关系不可分割，语言研究中应注重文化特征和社会文化功能，文化研究中更应看到语言对民族精神和社会特点的反映。同时为第二节文化语用能力的定义和特点总结提供了理论基础。

第二节对文化语用能力进行了本研究的定义和特点分析。首先，文化语用能力是一种内化的能力，既包括学习者对母语文化的理解和学习能力，还包括对非母语文化的理解和学习能力。其次，文化语用能力还是文化知识的使用能力。文化语用能力在具体交际环境中被激活，进行文化内或文化间知识的自动调节、调用和匹配，实现交际的成功。根据语用能力研究和文化特点的总结，本文认为文化语用能力具有社会性、动态性、顺应性、模因性等特征。文化语用能力的理解和分析对语言学习者语用能力的提高有着重要的作用，本文重视文化语用能力研究，是强调在语言交际中，文化语用能力的存在，文化的作用应该得到足够的重视。并且，在语用能力的培养中，要把文化语用能力的培养作为必要的组成部分。但需要注意的是，文化语用能力的存在和发展仍是为辅助语言交际而存在的，文化在很大程度上，需要通过语音、语法、词汇、句子等语言形式表现出来，不能离开语言交际这个大前提。对文化语用能力的重视不等于是对其作用的过分夸大，也不是对其他能力作用的忽视。

第三节是针对二语学习者文化语用能力的问卷调查。以往对语用能力的调查研究中，缺少专门针对文化层面的分析。本调查问卷从语法、语义和语用三个层面，对在其中发挥作用的文化语用能力进行问卷调查，从一个侧面验证了文化语用能力在交际中的作用。结合数据分析，发现二语学习者文化语用能力的发展和语言能力的发展在一定程度上呈正相关的关系，二语学习者学习二语时间的长短会对文化语用能力的提高产生一定的影响。之后的分析发现，在不同层面表现出来的文化因素，可能在二语习得和学习的过程中被掌握的程度存在差异。本文对可能的原因进行了分析，为下文从认知的视角对文化语用能力的分析奠定基础。

第4章　文化语用能力的认知解读

Holland 和 Quinn（1987：4）在《文化和认知》（Culture and Cognition）中提出，是否存在这样一种理论，能够解释为什么人们能掌握如此数量庞大的关于世界中不同文化的知识，并且在日常交际中灵活地运用？而且，我们所掌握的这个庞大的文化知识系统并非静止的，我们把这种知识延伸到了具体的经验之中，当文化被赋予了如此之多的日常经验之后，文化系统必须要适应这种包括偶然性和复杂性的日常生活。因此，我们必须找到一个能解释文化生成能力的、并且关于文化知识构成的理论。Holland 和 Quinn 提出，可以从认知的视角对文化的生成和知识的运用进行解释。因此，本章拟结合认知、心理等相关理论，解释分析文化因素的生成，以及文化语用能力发挥作用的整体过程。

首先，本章拟建立文化语用能力的认知模型，对其中文化因素的生成，以及文化语用能力发挥作用的过程进行概述。之后，对模型中涉及文化因素生成过程的感知、注意和记忆部分，结合相关认知理论，进行详细的阐述。最后，从神经学视角，对认知模型进行辅助解读。

4.1 文化语用能力的认知模型

心理学家 Cole 和 Packer 认为，文化和认知是不可分割的，文化使认知现象成为可能。人类需要通过文化进行思考，文化也不能离开人类的思考和活动，双方互相依存。此外，从生物学角度看，人类是进化的物种，没有大脑和身体，人类无法进行思考、感受和活动。同时，生物进化也不是孤立的，因为人们在进化过程中，学会了如何合作生存，如何在一个复杂的环境下，通过文化产物抚育下一代（Cole & Packer, 2011：156）。可见，文化的存在和发展，离不开人类的进化和发展，也离不开人类的思考和活动。同时，人类认知的发展，也离不开文化的作用。

认知理论认为，一切认知过程都发源于“感知”，它是一切复杂、高级心理互动的基础（张蕾，2001：44）。感知是指通过感觉器官获知事物（外部世界的客体和认识主体的内部工作机构）的状态及其相互关系（钟义信，2014：15）。“感知”与之后的“注意”的选择有着密切的联系，而“注意”又是认知过程中重要环节——“记忆”的重要保证。有了记忆，人类的特有经验、之前经验和之后经验才能联系在一起，保证了认知活动的动态性和不断发展。因此，在对文化语用能力的认知解读中，感知、注意和记忆几个环节会作为认知模型中的重要环节出现，它们的联系和作用，保证了文化语用能力可以在上述环节中完成对文化知识的理解和记忆。文化知识储存于认知模型后，由受到激活的文化语用能力进行提取、调节和调用。

在模式建立前，需要确定如下几个问题：本文主要探讨的文化语用能力，很大程度上是需要通过在社会文化过程中的语言交际来得到具体的体现和衡量的。但由于在第二语言习得研究领域，存在着母语、本族语、第一语言概念不对等的情况，为了研究的方便，选择了最狭义的理解方式，即本族语、母语和第一语言对等的情况。因此，本文此处探讨的激活文化语用能力的本族语文化因素从种族发生学的角度来看，是指一个民族内的全体成员作为指导本民族思维活动和言语交际的主要文化因素，即学习者在出生后习得并掌握的第一语言（本文等同于母语）的基础上，所习得和学习的有关这门语言的文化知识。而激活文化语用能力的二语文化因素，主要是指母语者在习得和掌握第一语言之后，所习得和掌握的第二种语言中的文化因素。

其次，本文认为，在掌握母语的文化因素和第二语言文化因素上，既有习得的成分，也有学习的成分。克拉申提出，在成人二语习得的监控假设中，成人有两种各自独立的提高二语能力的系统，一种是下意识的语言习得，另一种是有意识的语言学习（Krashen，1981：5）。这两方面是交织在一起的，并且下意识的习得看起来更重要些。克拉申认为，语言习得和儿童习得他们第一、第二语言的过程非常相像。它需要目标语有意义的互动和自然的交流。在这个过程中，交际者们关注的不是他们的话语，而是他们想要表达和理解的信息。错误的纠正和显性规则的教学并不在语言习得的范围内。但是，教师和母语者可以修正（modify）他们对学习者的话语来帮助他们理解，这些修正被认为是对习得过程有帮助的。而且，研究者假设语言习得的体系是有相当稳定的次序的，人们可以清楚地看到语言习得者们在习得过程中掌握知识的前后顺序是相似的。他们不需要有意识地觉察到他们掌握的“规则”，并且只有当他们自我“感觉”到语法的错误时才自我修正。但有意识的语言学习，被认为在错误的修正和显性规则的呈现上具有重要作用。并且克拉申认为，监控理论假设认为有意识的学习仅仅为表达者提供了一种监控。总体上来说，话语是由人们习得的系统发起的，人们表达的流利程度是建立在人们通过言语活动所“学会（pick up）”的知识。人们有意识的学习，是作为习得系统输出的监控，有时是在话语发出之前，有时是在之后。从分析中可以看出，语言习得没有太多教与学的问题，语言学习才会涉及较多的教与学。但是我们认为不能完全把习得和学习割裂开来，两者作为掌握语言的不同途径和过程，不能完全按照学习者的年龄，如成年人或儿童，学习者学习的是母语还是外语等而截然分开。沈阳（2005）认为，儿童掌握母语的习得过程不能说完全没人教和完全不用学习，同样，成人学习外语的学习过程也不能说就丝毫不受环境影响和语感习惯的作用。不管是儿童掌握母语，还是成人掌握外语，其实都有习得和学习的过程。

本文中对文化语用能力认知模型的解读，借鉴了人工智能研究中的全信息理论，和 Gass 和 Selinker 所创建的第二语言习得整合观中的部分内容。全信息理论强调了在感知阶段的“注意”、理解记忆阶段以及之后的言语生成中“全信息”功能的发挥。Gass 和 Selinker 的第二语言习得整合观对学习过程进行了五个阶段的划分：感知输入（apperceived input）阶段、理解输入（comprehended input）阶段、吸收（intake）阶段、融合（integration）阶段和输出（output）。本章拟侧重从认知的角度对文化语用能力进行研究，目的是反映文化习得中的一些共性，并体现文化语用能力作用的发挥和人的认知过程是紧密相关的。因此，根据实际研究的需要，本文在借鉴 Gass 和 Selinker 模型的基础上，做出了一定的调整。把文化习得过程，以及文化语用能力发挥作用的过程整合于文化语用能力认知模型中，并具体分为如下几个阶段：感知—注意输入阶段、可理解的文化输入阶段、文化知识同化、顺化阶段、文化知识吸收记忆阶段以及输出阶段。

根据人类认知特点和过程的分析，结合信息论相关内容，本文拟对文化语用能力认知模型进行解读。文化因素是如何被人们感知接受，形成记忆？不同民族的文化因素又是如何融合，并在具体的语境中被文化语用能力调用和匹配，从而使文化语用能力和其他能力共同作用，保证人类交际的顺利进行的？文化因素的生成，以及激活文化语用能力发挥作用的过程如图4-1所示：

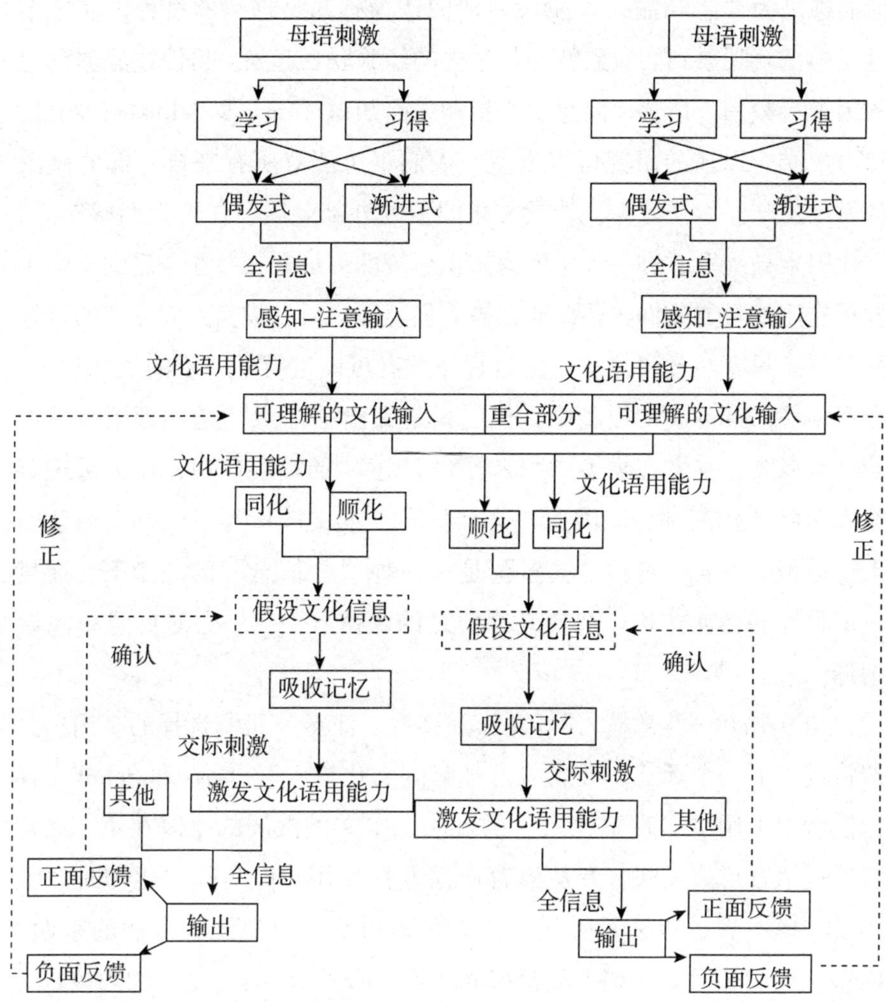

图4-1 文化语用能力认知模型

本文认为，掌握母语文化和二语文化，既有习得的成分，也有学习的成分。并且，习得和学习既包括偶发式的，也包括渐进式的。当人类接受到来自外部世界的刺激（言语的、非言语的）后，本文特指有关母语文化因素和二语文化因素的言语刺激或者非言语层面的刺激，首先到达的是人的“感知—注意输入”阶段。在 Gass 和 Selinker 的模型中，他们称之为“感知输入”阶段，他们认为感知是理解的过程，在这个过程中把新观察到的对象特点与过去的经验联系起来。扮演过滤器角色的因素有频率、情感、注意、联想和先前知识（Gass & Selinker, 2011：427)。结合以往的研究可以发现，人们不可能对所有来自外部的刺激都做出反映。本文认为，涉及文化因素的外部刺激，在被人们感知后，文化因素被提取，进一步生成为知识系统的一部分，并在今后的交际中发挥作用的必要条件，是需要在被人们感知之后，成为人们注意的目标和对象。只有经过“注意”的过程，才有可能进行下一步的认知加工。在 Gass 和 Selinker 的模型中，他们只是提出“注意”是心理语言学中的基本概念。本文在模型中强调了“注意”的重要作用，作为可理解输入的启动机制部分。因此，这个阶段在本文被称为“感知—注意输入”阶段。并且，这种“注意”是在一种“全信息”的刺激下，通过一定目标的指向作用，选择有用信息的。在下一节中会对此进行系统阐释。

当“感知—注意输入”阶段完成后，“注意”机制选择的有用信息即将进入下一个环节，形成“可理解的文化输入”。Gass 和 Selinker 在原模型中采用了“理解输入”的说法。本文做微调的原因在于，文化多通过语言形式反映，并从语言层面发挥作用，但实际文化却是“看不见、摸不着、却又无所不在，并在不知不觉中规约着人们的东西”(苏新春，2006)。美国人类学家 Roy Wagner 也认为：“文化的内核是一个连贯的意向和类别，它不能从思维到思维直接进行交流，却被引出或勾勒出（转引自戴维斯 & 皮埃罗，2007：49)。”文化可以从物质、制度、精神等各个层面反映出来，因此，文化的理解和运用是一个相当复杂的认知过程。此处强调“可理解的文化输入”，并非否定其他形式的输入，只是为了强调在这些可理解的输入中，文化因素很多时候隐含其中，需要进一步进行分析和阐释，提取出文化信息并在认知系统中储存。而这种对隐含文化因素的分析和阐释，是和人的文化语用能力有关的。因为人具有这种内化的能力，所以可以通过具体的、大部分依靠语言等形式输入的信息，察觉到其中所包含的文化因素并对其进行分析。

在“可理解的文化输入”阶段之后，Gass 和 Selinker 认为，这是“吸收”的过程，即新的信息与先前知识相匹配。本文认为，Gass 和 Selinker 的“吸收”更多是从二语习得的角度谈及的，对认知层面的分析较少。研究认为，在“可理解的输入”阶段完成后，认知系统要在已有知识的支持下，对来自外部的、已选择的信息进行分析整理。分析语用信息，判断其与设定的目标之间是正相关还是负相关的关系；分析语义信息，判断语法信息和语用信息如何共同作用形成语义信息等，最后形成的是抽象的有关文化因素的认知原理，这也是记忆中的编码过程，之后才能进入记忆系统。本文在模型中，强调了新的文化信息和原有文化知识的匹配经历了同化和顺化的过程之后，进入记忆系统被吸收和储存。本文将此阶段称为“同化—顺化阶段”。文化语用能力发挥的作用在于，不但实现了学习者对一语文化知识和二语文化知识在认知系统中的感知、注意和记忆，又实现了一语文化知识和二语文化知识在认知系统中的同化、顺化过程。一语文化因素和二语文化因素的学习和习得经过了类似的过程。按照常识，人们首先学习和习得了一语的文化因素，之后才是二语的文化因素。当二语文化信息进入到“可理解文化输入”阶段后，一语和二语之间的“可理解文化输入”也会经过同化和顺化的过程。

经过“同化—顺化”过程之后，是已经形成的“假设文化信息”的吸收和记忆的过程。之所以称之为“假设文化信息”，是因为，这些文化信息虽然经过认知系统的分析，形成了抽象的、有关文化的认知原理，但尚未经过输出检验。有可能在输出过程中，发现需要调整或者修正的方面，需要重新在认知系统中进行加工。这些“假设文化信息”会以一定的方式存储于记忆中，以备调用。

在最后的输出阶段，受到激活的文化语用能力，调用、匹配相关文化信息进行输出。如果输出得到的是正面反馈，从一个方面也验证了“同化—顺化”过程后形成的“假设文化信息”是正确的。但如果是负面反馈，则说明输出过程出现了问题，问题可能出现在语言层面，也可能出现在文化层面，或者其他方面。如果负面反馈出现的原因在于文化层面，文化语用能力所具备的自我修正能力会重新返回到可理解的文化输入部分，进行重新的理解、确认等过程。这也说明，在可理解文化输入部分，尽量输入的文化信息是准确的，是有利于文化语用能力作用发挥的，这一点为下一步的输出奠定了基础。

下一节中，将对文化语用能力的认知模型进行详细的解读。

4.2 文化语用能力认知模型解读

本节拟结合认知研究中的相关理论和研究成果，对文化语用能力模型中的几个重要阶段，进行认知视角的具体分析和解读。研究将分析在各个阶段，文化语用能力发挥作用的方式，并对下文文化语用能力的培养研究奠定方法论的基础。

4.2.1 感知—注意阶段的文化信息选择

感知是认识过程中的第一个环节，感知阶段又分为感觉、知觉和表象三个基本过程。它们之间是相互联系，又逐层递进的。感觉是人脑对直接作用于感官的刺激物局部的、零星的、个别属性的反映。知觉是人脑对直接作用于感官的客观事物的综合性和全局性反映，形成比较完整的模式。知觉又可具体分为空间知觉、时间知觉、方位知觉、运动知觉、错觉、社会知觉及其特殊效应（张蕾，2001）。表象则是外部刺激消失之后，经过感知的事物在头脑中再现的整体映像。

在人类生活的世界中，人类无时无刻不在接受着各种各样的来自外界的刺激，当人类感知到这些外界刺激之后，同时接收所有的刺激并全部形成反应是不太可能的。但人类的智能系统帮助人们有效率地处理海量信息，把资源配置给重要的部分刺激，而忽视其他不太重要的信息。人类如何对这些海量信息进行了筛选并有效配置智能资源？这和人类的注意机制是分不开的。

注意是人类信息加工中非常重要的心理调节机制，它能合理分配有效的加工资源，实现人类智能系统的高效运转。当大量外部信息出现，进入感觉系统后，如果没有有效注意，可能这部分信息会很快消失。认知心理学认为，人具有信息选择的能力，去注意一些事情而忽略到其他事情。而作为认识活动的"注意"，起到的就是这样的作用。注意有一套自己特殊的物理性和心理性的活动程序来进行信息的选择。Gass 和 Selinker 也认为，在第二语言习得的过程中，频率、情感、注意、联想与先前知识起到了过滤器的作用，使一些方面被学习者觉察到。本文认为，他们在此处提到的"注意"是涉及学习层面的对于外显信息和知识的注意，和本节所要研究的作为心理认知机制的"注意"是有区别的。并且，Gass 和 Selinker 并未明确，这种由几种因素构成的过滤器，信息过滤具体遵循了什么原则，是"全或无"还是"加强削弱"？过滤具体发生在哪个阶段？因此，有必要对心理学领域几种主要的信息选择理论进行分析说明，以明确其过程。

目前几种主要的信息选择理论包括过滤器理论、衰减理论、综合选择理论等（刘志华等，2003；钟义信，1998a，1998b；陈永明，罗永东，1989）。英国心理学家 Broodbent 提出信息选择的过滤模型（Filter Mold）（刘志华等，2003；陈永明，罗永东，1989）。他认为人的注意就像是过滤器，可以筛选进入感觉的各种信息。由于有大量的信息进入信息的传输通道，而人们加工感觉记忆中信息的容量有限，所以过滤器会依据感觉特征对信息进行选择。整个选择过程如下：首先刺激发出，到达感觉记忆，通过过滤器对众多有差别的信息进行选择，注意将按照"全或无"的原则选择其中的一部分进行之后的进一步加工，而其他被排除在注意之外而丧失掉。接着，被选择的信息进入知觉，形成工作记忆。由于这种对信息的选择发生在对信息进行深加工之前，因此这一过滤理论又被称为早期选择模型。

Broodbent 的过滤理论虽然是在大量实验研究的基础上提出的，但也有研究者认为，注意的选择并非是"全有"或"全无"的选择。美国心理学家 Terisman 提出了中枢过滤器模型—衰减模型（Attenuation model）（陈永明，罗永东，1989；箱田裕司，2013）。与 Broodbent 模型的不同之处在于，Terisman 认为，过滤器对信息的选择，不是以"全有"或者"全无"的方式来进行的，而仅仅是加强了一些信息和削弱了另外一些信息，使它们在被进一步加工前产生了差别，但是这些信息仍可以得到高级加工。中枢过滤器在知觉之后进行，那些被削弱的信息常常因强度变弱而不能激活，但特别具有意义的项目仍有可能受到激活并被识别。

比较 Broodbent 的过滤理论和 Terisman 的衰减模型可以发现，二者都认为由于信息传输通道的有限而导致过滤器调节的必要性，并且都认为一部分信息进入了高级的知觉分析并得到识别，不同之处在于过滤器模型的工作方式由"全或无"的方式改为衰减的方式。之后，Terisman 又提出特征整合理论，但主要探讨的是视觉加工的问题。

本文更加认同美国认知心理学家 Ulric Neisser 提出的信息选择的综合选择说。他认为人们原有的已储存信息会影响人们对新信息的选择。也就是说，人们倾向于以自己原有的已储存信息作为衡量标准，来选择符合既定标准的新信息。并且，Neisser 认为，"许多实验都证明，被试注意的指向是受背景、期待和暗示影响的"（田延明，王淑杰，2010：66）。人们对各种信息的选择，是一个复杂的操作过程。我们接受的刺激可能来自于视觉、听觉、触觉等多个感官系统，在同一时间内，大量的刺激相互竞争以获得人的注意，只有少量的刺激可以引起我们的注意并接受选择。一方面，人通过感知和注意选择这些信息。Samovar 等研究者认为，这种感知模式（perceptual patterns）是可以学习的。所学习到的感知模式是和学习者所处的文化有密切关系的。人们根据自己所处的文化背景学习如何从特定的视角看待世界，即我们经常提到的信念和价值观（Samovar & Porter & McDaniel，2010：187）；另一方面，人们对各种信息的选择会受到已储存信息的影响。前文分析中提到，由于人类文化具有一定的共性因素，并且由于文化语用能力的存在，人们在习得母语的过程中已经习得了部分文化知识。这些已经储存的文化信息，会影响到对新的文化信息的感知、注意和选择。新的文化信息的不断储存，又会对文化语用能力作用的发挥产生积极的影响。从这个角度看，学习者原有的文化影响到了他们对新的文化信息的感知、注意和选择。而且，新的文化信息的输入和文化语用能力的发展是互为前提，相辅相成的。通过刺激引起人类注意的文化信息在被选择后，还要通过理解形成可被理解的文化后吸收存储。从认知的角度看，这是文化信息被记忆的过程，同时，从二语习得研究的角度看，这是文化语用能力发挥作用的过程。

4.2.2 文化信息的同化和顺化

本文认为，在文化信息“可理解的文化输入”阶段之后，需要经过同化（assimilation）和顺化（accomadation）的过程。同化和顺化的概念，是皮亚杰从生物学领域移植到心理学领域的概念。皮亚杰认为，“从生物学的观点来看，同化就是把外界元素整合于一个机体的正在形成中或已完全形成的结构内……智力适应中蕴含着一种同化因素，即一种通过同化外部现实来把外部现实纳入到主体活动创造出来的某些形式之中……”（Ulrich Muller，2010：4；石向实，2006：64）。就是说，在主体已经存在的图式中，同化把环境中的新因素加入，是刺激输入后经过注意过滤后的改变，引起的是图式的量变。同时，皮亚杰认为，顺应是由于主体的原有图式不能同化新输入的刺激后，又建立新的图式或对原有的图式进行调整而引起了图式质的变化。同化和顺化是相互对立、相互包含和相互依存的。在认知的过程中，从感知、注意到记忆，以及之后的推理和形式思维的整个过程，其实是一个同化、顺化不断发展和平衡的过程。在认知活动中，它们之间是一种不断发展的动态的平衡。文化语用能力使学习者具备了学习不同文化知识因素，并在学习过程中不断把外部现实逐步纳入到主体之中的能力。这种能力发挥作用的体现之一是通过同化和顺化的过程不断丰富文化知识体系。在已有的有关文化的程序、习俗、习惯，条件等知识和信息的基础上，学习者又接受了新的信息和经验，完善原有信息，这是一个同化的过程。通过学习，学习者原有的文化知识结构在学习中又得到了进一步的发展，纠正了过去的一些偏误，或者建立了过去知识系统中尚未存在的新的知识，这是顺应的过程。学习者的认知就在同化和顺化的共同作用下不断发展，文化语用能力使这一过程得以实现。

在文化语用能力认知模型中，本文认为，在同化、顺化过程形成新的的图式后，其实从更深的层面讲，还存在着文化的“中间地带”。J. Cummins 在研究儿童语言习得的过程中，认为儿童在学习一门语言的过程中习得的技巧和隐含的元语言知识可以用在另一种语言的学习中（转引自李柏令，2013）。也就是说，在人的大脑中，虽然出现了相互独立的双语的表层特征，但它们却具有一个隐藏的“共同底层水平特征（common underlying proficiency，简称 CUP）”，为双语的发展提供了基础。此模型认为，一种语言中的增长，会引起底层的增长并且会对另一种语言产生有益的效果。

之后，Kecskers 和 Papp（2000：48）在对 Cummins 的 CUP 存在问题进行分析的基础上，提出了他们的“共同底层概念库”（Common Underlying Conceptual Base，简称 CUCB）的概念，他们认为 CUCB 是包括

除了语言系统本身（比如规则加词库）之外的一个由知识和概念构成的心智表征的容器。在 CUCB 中，学习者的社会文化继承和之前的知识，面对通过两种语言通道进入的新知识，发展成为了经常被叫作社会文化背景知识的新内容。这个概念库被认为是思想的发源之地，并且和语言符号相映射并通过任何一种语言进行表层表征。按照该假说，两种语言中的互相作用的效应是出现在概念层面而非语言层面。并且，当二语的水平不断提高时，相应地，二语学习者的一语概念库就发展成为了“共同底层概念库”。从这个角度讲，语言使用的双重性是文化双重性的基础。在文化语用能力的模型中，一语文化和二语文化的发展应该也存在着类似的过程，本文认为同化、顺化过程后仍有着文化“中间地带”的存在。

4.2.3 文化信息的认知存储

包含文化信息的感知和注意，只是文化信息记忆的启动机制。文化信息在认知系统中的同化和顺化过程，是为了文化信息的记忆进行准备。只有当文化信息最终形成记忆，并在具体语境被文化语用能力调用时，文化信息的价值才得以体现。记忆作为认知过程中的重要环节，实际包含了“记”和“忆”两个部分。“记”是大脑对个体经验积累和保持的心理过程，而“忆”则是提取个体经验的心理过程。Hebb 在 1949 年发展的记忆模型中，区分了短时记忆（short - term memory）和长时记忆（long - term memory），他认为短时记忆是有限持续时间内的活动过程，在大脑中不会留下痕迹。长时记忆却是由神经系统结构的变化所引起的。并且 Hebb 认为这些结构性的变化是由于皮层环路神经元的不断激活所导致的（Nelson，2005：101）。

Atkinston 和 Shiffrin 在 1968 年提出了多重记忆模型（Atkinson - Shiffrin memory mode）。该模型中认为记忆的存储过程分为感觉记忆存储、短时记忆存储和长时记忆存储。感觉记忆主要指原始的、未加工的丰富信息，具有各感觉通道的某种特征，但大概在几秒钟内很快会消失；短时记忆是感觉记忆和长时记忆的缓冲器，储存信息周期大约为15秒到30秒，此时的信息已经进行了变换和编码。而长时记忆是由于短时记忆不断复述而得到的结果，可以包含大量的信息，是真正意义上的信息库，信息可以是听觉的、口语的、书面的或者视觉编码的，储存的时间较感觉记忆和短时记忆长（G. R. 劳弗图斯，E. F. 劳弗图斯，1987：8）。

针对该模型中短时记忆的问题，Baddeley 和 Hitch 提出了工作记忆模型，用工作记忆（working memory）代替了短时记忆，认为工作记忆的组成部分包括中央执行系统、语音回路和视空间模板（鲁忠义等，2008）。Hebb 认为，信息通过工作记忆进入长时记忆后，长时记忆又被分为外显记忆（explicit memory，又称陈述性记忆 declarative memory）和内隐记忆（implicit memory，又称程序性记忆 procedural memory）。前者指人们能描述的、能在头脑中形成图像或命题的、存在于一定时间框架内的、能有意识地回忆的记忆。外显记忆较典型的例子包括能够回忆时间、事物、地点的能力，并且在一定环境下，包含着“自我”的成分。而内隐记忆被认为是无意识的，需要通过多种方式才能获得的，并且可能不包括“自我（self）”在内。内隐记忆典型的例子包括习惯、技巧、程序、条件和启动等。在内隐记忆的范式中，参与者把先验信息运用到情境中而不需要回忆当时的学习过程（转引自 Nelson，2005：102）。通过对上述各种记忆的区分，针对本文研究的文化因素，如社会习俗、行为规范、思维方式等内容更多应归属于长时记忆中的内隐记忆，或称程序性记忆。

文化信息在经过同化和顺化的过程后，需要形成程序性记忆，储存于认知系统中，以备文化语用能力的调用和匹配。并且，本文认为，这些文化因素形成的程序性记忆，并不等于是完全正确的关于文化知识的记忆。文化因素经过了“感知—注意”阶段和“可理解的文化输入”

阶段后，在认知系统中通过同化和顺化的过程后，保留下来的是关于“文化假设信息”的程序性记忆。这些“文化假设信息”的程序性记忆，其正确性需要经过输出过程后得以验证和确认，最终形成文化信息的程序性记忆，即抽象的认知原理，并储存。当类似情境出现，文化语用能力会调用和匹配相应文化信息，进行输出。也有可能在经过输出过程后，发现这些文化信息的假设是不正确的，这就需要返回到“可理解的文化输入”阶段，重新进行加工，再次形成文化信息假设并通过输出过程进行验证，直到得到修正。这些“文化假设信息”以及之后的“文化信息”在人的认知系统中，可能以什么样的方式存在，是下文将要探讨的问题。

杨元刚（2008）在方汉文对文化三分法的基础上，对文化要素又进行了具体的分层，分为物质文化、制度文化和精神文化。最表层的是物质文化，是人们经过主观意志加工改造的部分。D’Andrade曾说，物质文化，诸如桌子和椅子，建筑和城市，是固体介质下人类思想的具体化（转引自Cole & Packer，2011：134）；处于中间层面的是社会制度文化，包括政治制度、经济制度、礼仪习俗、行为规范等。此层面的文化在保持并传递诸如信仰、规范、习俗等社会传承方面具有重要的意义。这个延伸层面把心理学家称为图式或者脚本的心理实体和具体生活中物质的实体化结合在了一起（Cole & Packer，2011：135）。并且，Cole和Packer强调这种图式是集体物质实践和心理结构、功能共同作用产生的。脚本作为图式的一种，展现了人们日常参与的文化活动，对于了解文化在认知过程中的作用具有重要意义；而位于最深层次的是精神观念文化，包括人们的价值观、思维习惯等方面。并且他认为精神文化层面是文化中最核心的部分。语言与三方面都存在着联系，尤其是深层的精神观念。由此可见，文化是具有一定的隐蔽性的，因此在很大程度上需要通过语言得到反映。本文认为，文化在认知系统中的储存方式，包括图式、框架、脚本、文化模型等形式储存。

康德认为图式是一种能够帮助人们感知世界的先天的结构。康德还用图式（schema）的概念作为感觉输入（非概念的）和概念范畴（非感觉的）之间的中介（Ulrich Muller，2010：33）。当皮亚杰把图式观放在发生心理学研究中，是想强调“认识主要来源于主体与客体之间的互动，可通过自我调节使得客体被同化到主体的图式之中，或主体调节图式或创立新图式来适应新客体（王寅，2007：172）”。Eysenck 和 Keane 认为图式是结构化的一组概念，它包括通用知识并且可以用来表征事件、事件顺序、知觉、情境、关系，甚至于物体（Eysenck & Keane，2000：276）。Carrell 和 Eisterhold 认为图式是“学习者以往习得的知识的框架”（转引自王金铃，2008：34）。从这个意义上讲，图式类似于存储单位，包含着不同的知识信息，比如语言的、文化的等等，是一些典型的事件和情景在大脑中的反映。所有的图式的综合，就是个人知识和信息的综合。正如前文所谈到的文化因素形成长时记忆的同化和顺化的过程，可在大脑中形成了有关各种文化的图式，并存储于长时记忆之中，在具体的语境中，这些文化图式可以被调用，激活文化语用能力，并从言语或者非言语的层面得到体现。

之后，认知语言学的领域也发展了图式理论，意象图式是认知领域经常提到的概念。所谓意象，是一种特定的、体验性经验的心智表征，而图式，则是强调了这种意象性的概括性、抽象性和规则性（王寅，2007：175）。即人们在受到外部刺激后，他们在与现实的互动体验中，会形成某种抽象和概括的意象图式储存于记忆中，作为一种规则性的知识随时准备被调用。由于这种体验是不能独立于社会、文化之外的，因此可以推断，如果是基于人类日常身体体验的意象图式，由于人类与外部世界的接触具有一定的相似性，所以有理由假设这种情况下形成的意象图式是具有一定的普遍性的。但如果是更多基于不同种族和民族生活的社会文化中所形成意象图式，则具备其独特的特征。并且，这些意象图式作为一种心智表征，随着语言作用运用到具体语境中后，如果得到了广泛的认可和流行，这种伴随着文化因素的表达方式又会重新得到感知、注意和记忆的加工过程，作为新的图式储存于认知中。在言语交际中，隐喻的使用就是典型的例子。

文化信息的储存，除了以图式的形式外，还以框架的形式存在于人的认知结构中。Minsky 在 1975 创建的框架理论（Frame Theory）中，认为框架是“储存在记忆中的、表征特定情景的信息结构，是含有若干节点和联结的网络系统；人们可从记忆中随时调出框架中的信息作为背景知识来理解新的情景和语句”（转引自王寅，2007：209）。Fillmore 对框架的定义也从最初的和“场景”相联系的一系列语言选择，到认为框架是一种“认知结构”。Ungerer 和 Schmid 认为框架是认知模型的一种，它表征了特定并反复出现情景有关的知识和信念（Ungerer & Schmid，2001：211）。由此可见，相关信息和知识以框架方式在认知中的存储，相较于图式则更情境化和系统化。箱田裕司认为，框架是图式的发展，是能够详细对知识进行表征的手法（箱田裕司，2013：146）。如果说框架的组成部分是有关一个具体的认知范畴的所有相关范畴，那脚本则主要用来描写一个动作性场景中的有情节有程序的事件（王寅，2007：212）。举例来说，在认知结构中，可能存在着大量具有普世性或民族性的文化图式，比如问候图式就是其中之一。具体到这一问候图式在框架中的解释，则涉及激活了同属这一框架的所有范畴，比如问候的双方、所处文化背景、时间等。以这些所有框架内范畴共同作用形成的顺序视角来看待文化这一事件，则形成了脚本。

最后，文化信息在认知结构中的存储方式，还包括文化模型的方式。要理解文化模型，首先需要理解范畴化和认知模型。Ungerer 和 Schmid（2001）认为，范畴化在语言使用中是一个很重要的问题，范畴化潜存于词和语言的使用中。而且他们认为范畴是“储存于我们心智之中的心理概念”。认知范畴内部结构的形成需要依赖于语境，而个体在特定领域所经验的和储存的语境的总和就构成了认知模型（Ungerer

& Schmid，2001：55）。王寅把认知模型定义为人们在认识事件、理解世界过程中所形成的一种相对定型的心智结构，是组织和表征知识的模式，由概念及其间的相对固定的联系构成（王寅，2007：204）。Ungerer 和 Schmid 认为认知模型的特点在于，“尽管不是那么明显，却也不应该忽视，也就是认知模型是无处不在的这一事实”。但他们强调，认知模型不是普遍性的，是由一个人成长和生活的文化决定的。所以，特定领域的认知模型最终是由所谓的“文化模型（cultural models）”决定的。反之，文化模型可看作是属于一个社团或亚社团的所有人共有的认知模型（Ungerer & Schmid，2001：50）。他们认为认知模型和文化模型在本质上类似于硬币的两面，只不过认知模型更多地强调认知实体的心理差异，而文化模型则强调其为许多人集体统一的一面。这种文化模型还可以具体分为朴素模型（naive models）和专家模型（expert models）。朴素文化模型，是建立在不正规的观察、传统的信条，甚至是迷信的基础上的，因此又被称为民间模型（folk－models）。专家模型与朴素模型的主要分歧主要体现在科学和技术层面。而且，分析发现，尽管对于文化因素学习的个体而言，可能更多建立的是文化的朴素模型，并且和专家模型存在差异，但由于文化模型的基础是一个社会或者社会团体的集体经验，因此只要该模型符合我们的感知并能使我们做出功能上的正确预测，即使它在技术上是不准确的，也不会妨碍该模型的广泛流行。比如，通过外界信号的反复刺激，在感知—注意过程中不断得到强化后，可能形成类似于中国人问候方式的文化模型，这一模型不是通过科学的统计而得到的，主要依靠的是正在学习文化因素的学习个体的观察。这种朴素模型形成之后，只要在我们交际中能够帮助我们做出正确的预测，并交际成功，就视其为有效的文化模型。并且，文化模型也是在动态的变化之中的，比如中国人见面问候“吃了吗”的文化模型，随着社会的发展变化，也会逐步演变成见面说“你好”的文化模型。

通过分析，可以得知，文化因素在经过了感知—注意阶段的输入之后，经过同化、顺化的过程被记忆后，在认知系统中的存在方式包括图式、框架、脚本和文化模型，以备文化语用能力的调用。

4.2.4　贯穿认知模型的“全信息观”

文化语用能力认知模型的构建中借鉴了人工智能研究中的全信息理论，目的是强调“全信息”在整个文化因素感知、注意、吸收和输出过程中的重要性。全信息理论是钟义信老师在研究 Shannon 建立的概率统计型的信息理论基础上发展起来的（钟义信，1991，1998a，1998b，2007，2013，2014）。Shannon 信息论将概率统计的观点和方法引入通信理论研究中（王育民等，2005：4－5），并且基于通信工程的性质和特点，Shannon 的模型关注了信息的形式因素，即语法信息，但有意地排除掉了信息的内容和价值因素，即语义和语用的因素。但钟义信（1991，1998a，1998b，2007）认为，完整的信息包含着多个方面的内容，研究信息问题的基本模型应该涉及人在基本社会活动中信息的机制和本质问题，也就是人类智力活动的机制和本质。他从符号学的三分法出发，认为任何正常的认识主体所能感受到的和所能表述的事物运动的状态和变化的方式，即平时所说的信息，都同时具备了语法信息（即有关于事物外部形态的信息）、语义信息（即关于事物的内容信息）和语用信息（即关于事物的价值信息）三个相互联系、不可或缺的层次体系，这三者综合在一起，就构成了“全信息理论”的基础。而且，当人们面对某个事物（如自然语言）的时候，“系统学”原理告诉我们，整体永远大于部分的“和”，因此从认识论的观点看，“认识主体需要通过观察感知事物运动状态及其变化方式的形式，通过理解了解事物运动状态及其变化方式的含义，通过对自身的目的相比较判断事物运动状态及其变化方式对于实现自身目的的效用”（钟义信，2014：387）。

人类作为认知活动的主体，具备了认知活动的一些基本能力，比如感觉和知觉、理解能力、判断能力等。这些能力，构成了人类认知活动的基本能力。缺少任何一个方面，可能人类都无法顺利地完成和外部世界的交流。具体到这些认知活动的步骤可以发现，当人们在认知活动中运用自己的感知觉对外部事物进行感知时，首先获得的应该是有关事物的语法信息；当人们结合自己已有的知识和经验对该事物进行判断，判断其是否具备自己所追求的目的时，实际获得的是一种语用信息。之后对符合自己语用要求的该事物进行理解并获得其内涵，则得到了语义信息。而三种信息的综合，才是对该事物整体而全面的反映。也只有获得全信息，认知主体才能做出正确的判断。

"全信息"理论虽然是从人工智能研究的角度提出的，但"全信息"在人类感知、注意和记忆中的重要性是符合人类认知记忆的发生学过程的。比如，初生的婴儿具有先天遗传所继承下来的本能知识和能力，目的是满足其基本生存的需求，比如饥饿、不舒服时会啼哭，妈妈喂奶会吮吸等。虽然他们的感觉器官功能尚不完善，如视觉器官尚不成熟，但他们通过例如触觉、味觉器官等获得的信息，也具有全信息的性质。比如感知"喂奶"动作和事件的外在表现形式（属于语法信息），相应地能反映这些动作和事件对自身的效用（语用信息），虽然由于生理发展阶段的原因，不能为这些事件命名（语义信息）。但随着其感觉器官和思维功能的不断完善，孩子能逐步感知妈妈的外在形态（语法信息），体验到妈妈对成长的效用（语用信息），并能对具备这种外在形态和效用的人叫"妈妈"（语义信息）。但他们也会经历对其他类似外在形态或类似效用的其他妇女叫"妈妈"的错误。他们能通过细微的差别，结合已有的语法信息和语用信息，进行正确的推理和提炼，最终得到抽象的认知原理，并储存在记忆中。而之后再出现类似的情景，就不必再从头进行推理，只需要和自己储存的信息进行匹配，就可以得到结论。

从人类发生学机理上看，幼儿的初始认识和记忆机理遵循了"全信息"的原则，那么，人类认知与记忆的发展学机理也同样建立在

"全信息"的基础上。首先，在感知—注意阶段，人们接受外部刺激，这种外部刺激实际包含着"全信息"，而文化因素是可以体现在这几个层面的信息之中的。尽管在外部刺激（可能是语言层面或者非语言层面的刺激）的作用下，人们首先反映出的是外部刺激的外在形式（即语法信息），但决定其是否能被感知和注意的主要因素是语用信息，因为人们必定要关注对他们的目的而言具有重要作用的语用信息刺激，并舍弃那些与目的不太相关的信息。同时，在对这些语用信息进行判断的基础上，需要明确的是目前接受的刺激是什么，了解这种刺激的内在含义，这是语义信息的分析过程。并且，认知科学的研究认为，在长期记忆系统中，信息是按照语义关系组织的。最后在语言的使用和理解方面，没有语义信息和语用信息因素的语言就失去了语言的实际意义。因此本文认为，当主体获得全信息后，才可能形成全面的认识，优化信息系统，完成信息从注意到记忆的过程。

"全信息"理论对文化语用能力研究中信息的处理研究具有一定的参考价值。并且，"全信息"理论中把有关信息的研究，划分为本体论层次的研究和认识论层次的研究。前者是不考虑主观因素的、把握信息本身性质的形式化层次的研究，后者是从认识主体角度对信息的衡量，主体的感受、认知会影响到主体对该事物形式、含义和效用的表述。后者的复杂程度远超过前者。在本文的文化语用能力研究中，对"全信息"的感知，是会由于认识主体的不同而产生差异的。

4.2.5　文化语用能力模型的神经学辅助阐释

认知心理学家 D. O. Hebb（2002：XII）在《行为的组织：神经心理学的理论》中谈到，心理学和其他的生物科学之间存在着密切的联系。并且在心理学和神经科学的研究中，有相当多的重叠部分，因此，有可能得到相互的帮助而使研究深入。因此，本文试图从神经学原理出发，对文化语用能力认知模型中的相关过程进行神经学角度的阐释，作为研究佐证。

从生理学角度的注意分析中可以发现，注意可以增强神经元的反应，并且注意涉及许多不同的大脑区域。Posner 和 Rothbart 的实验确定了三种不同类型的注意加工过程（警觉功能、定向功能和执行控制功能）的脑区（转引自 Goldstein，2015：139）。并且注意在认知心理活动中占有非常重要的位置。如果没有注意在一定对象上的指向和集中，感知就会变得非常盲目，缺乏具体的目标，也就没有之后记忆的系统发展。

从生物学角度对记忆的研究，可以发现人脑的神经结构决定着人的学习和记忆。人脑由相互连接的单元构成，这些单元被称为神经元，人脑神经元的总数大概在 10^{10} 到 10^{12} 之间，每个神经元又与大概 10^3 到 10^4 个其他神经元相连接。神经元由树突、细胞体和轴突组成。树突通过树状的神经纤维接受电信号传送至细胞体，细胞体对这些信号进行整合和处理，轴突又把细胞体输出的信号导向其他神经元。突触是一个神经元的末端与另一个神经元的细胞体或树突之间的小空间，突触是记忆生理机能的开始（Goldstein，2005：250）。从神经心理学的视角出发，按照 Hebb 的观点，学习和记忆之所以能够在大脑中表征，是通过发生在突触上的生理变化来实现的，当信号到达一个神经元的末端时，会导致神经递质被释放给下一个神经元，这种活动会导致突触的结构发生变化而强化突触。特定的经验会激活成百上千或成千上万的突触，而这些突触的活动会引起一系列的化学反应，导致新蛋白质的合成，从而造成突触的结构变化（转引自 Goldstein，2015：251），突触结构变化的时候一般来讲是有信息要传递的。

而有研究表明，记忆的特性可能来自于神经蛋白质的变化。Hebb 之后的研究者又发现，如果刺激多次重复，在两个神经元之间会建立更多复杂的联系。Goldstein（2015）指出，新的记忆是很脆弱的，但可以通过巩固而使它变得稳定。所谓巩固，是“把新生成的记忆从一种可能被破坏的脆弱状态转换成一种可以阻止记忆被破坏的更持久的状态的过程”，并且这种巩固产生在两个水平上，一是产生在突触水平的突触巩固，这个过程只需要几分钟，而第二巩固，即涉及脑区中回路逐级重组的系统巩固则需要短则几周，长则几年的过程。Goldstein 还解释说，记忆巩固的过程既包含突触的变化，也涉及海马和皮层。认知神经科学层面的研究，解释了记忆的形成和巩固，具体到文化因素在大脑中的形成和巩固，是由于处于社会中的人，在参与社会文化活动的过程中，具体的文化知识延伸到具体的社会体验，由于这些知识具有社会性和模因性，会在实践中得到多次的重复，从而导致了突触结构的变化，神经元之间也建立起更多、更复杂的关系，之后通过两个水平上的巩固，而形成了记忆。而人们在具体的研究交际中，这种已经成为记忆的文化因素得到调用，又激活了文化语用能力的运用。

4.3　小　结

本章建立了文化语用能力的认知模型，并对其进行了解读，试图解释在认知过程中，通过文化语用能力作用的发挥，文化因素如何被感知、注意，并通过一系列的认知过程储存于认知系统中。并且，在经过外界信号激活后，文化语用能力如何对文化信息知识进行调节和调用并成功交际的。最后，从神经学视角，对文化语用能力认知模型进行辅助解读，从不同视角进行验证。在探讨文化因素在认知系统中的存储方式时，由于人类所处文化的不同，这就造成了文化在人们认知系统中的存储方式，如图式、脚本等方面可能存在着差异。在下一章中，本文拟从民族志语用学的视角，分析这些文化中存在的差异，并结合认知框架的解读，试图为文化语用能力的解读提供不同的视角。

第5章　民族志语用学视角下文化语用能力

在文化语用能力的认知模型分析中，本文认为文化信息在记忆中的存储方式包括图式、框架、脚本和文化模型的方式。图式是典型事件和情景在大脑中的反映，而框架是较图式更为情境化和系统化的认知存储，当框架内范畴形成顺序视角来看待时，则形成了文化脚本。文化模型是一个社团或者亚社团的所有人的共同认知模型。本文认为，这种存储于大脑的图式、框架和脚本，除了采用传统的文化外部视角的解读并存储外，还可以采用更侧重文化内涵的、较为中立的文化内部视角的解读。两种方式共同作用，致力于文化语用能力的培养。

Hofstede（2010）在《文化与组织：心理软件的力量》（Cultures and Organizations：Software of the Mind）中，如此解释了文化中的一些冲突：我们的心理软件（mental software）包括了基本的价值观，这些价值观是我们在生活中早期习得的，因此，它们对于我们来说是非常自然地发生的。并且在平时很难意识到。它们构成了我们意识的基础部分和文化的浅层表现，比如仪式、象征手段等。缺乏经验的异文化者能够努力学习新环境中的一些仪式和象征手段，比如如何使用词汇、如何和人打招呼、如何赠送礼物等等，但却很难识别深层的价值观。

即使我们对某种文化中特定价值观进行描述，经常采用的方式也是将表示价值观的词语翻译为对应的语言。比如，我们认为中国人在某种言语行为中是受“集体主义”思想支配的，而西方人是受“个人主义”思想左右的。此处的“集体主义”和“个人主义”是否和英语中的“collectivism”和“individualism”一一对应？答案是否定的。又如中国文化中的“和”思想，使中国人十分注重和谐局面的保持和维护，反映到中国人的言语行为和行动中，则是愿意与人为善，尽量维持和谐局面，不愿意起正面冲突。但这种解读方式，对于“文化外”的学习者来说，可能需要进一步解释什么叫“和”？“与人为善”怎么理解？具体到某种言语行为中，该怎么做？之后的解释可能会引起更多的疑问。产生这种局面的原因在于，上述观念、想法和价值观很容易被“文化内”的人所理解、掌握，这种深层文化又随着语言或非语言的形式出现在具体交际中。但对“文化外”的学习者来说，却较难理解。因此，本章提出了从民族志的视角对文化及受其影响的具体言语行为进行尽量“去民族化”的解读，通过自然语义元语言的描述方法进行解读，使学习者生成精细化和中立化的文化脚本，为后期文化语用能力调用、匹配相应文化信息并进行适当输出奠定基础。

本文认为，这种尽量“去民族化”的研究方式，可以更有效地激活人们的文化语用能力，帮助人们对所处交际语境和受文化影响的言语行为进行正确的解读。因此，本章拟从词汇和言语行为两个角度，选取实例进行分析。一方面试图通过自然语义元语言的解释建立更加精细化的图式、框架和脚本，另一方面也为文化语用能力的研究提供新的视角。第一节拟选取不同语言中词汇层面的对应词，进行民族志语用学视角的解读。可以发现，即使在大家比较公认的词汇对等的前提下，不同民族文化中的对应词语仍然存在着差异。这也在一定程度上说明文化语用能力研究的必要性；第二节拟选取中国文化和西方文化中较为特殊的四种道歉言语行为，从民族志语用学的角度进行分析，为正确理解言语行为提供文化内部视角的解读；第三节为本章小结。

5.1 词语层面的民族志语用学视角解读——以 Fate，Destiny，命，命运为例

研究者运用民族志语用学中的自然语义元语言理论对词语和言语行为的解释，提供了文化内部视角的解读。本节以 Wierzbicka（1992）在《语义、文化和认知：人类普遍概念的文化规范》（Semantics，Culture，and Cognition – Universal Human Concepts in Culture – Specific Configurations）一书中关于 fate 和 destiny 的分析为例，结合汉语中对应词“命”和“命运”，进行民族志语用学视角的解读。可以发现，即使从表层看来不同语言中的对应词汇，其实也有着更深层次的文化内涵。

5.1.1 Fate 和 destiny 的民族志语用学视角解读

Wierzbicka 认为，“命运”这一概念的出现，是因为在有些民族和文化中，人们不可能总是做他们想做的事情。他们的生活，在某种程度上，是受一些他们无法控制的事情左右的。她认为在各国的文化中，反映这一文化倾向的较多，并且在字典中能对应英语中 fate 和 destiny 的对应词或相近词，也是比较多见的。为了验证这些在不同语言中的对应词和相近词，是否在不同的文化中所反映出的意义是相同的，Wierzbicka 结合相关语料，采用民族志语用学的视角进行了分析。

首先，她发现在古希腊、罗马、穆斯林、巴比伦、佛教、中国和埃及文化的概念中都有类似“命运”的词，但在古希伯来语中却没有，原因在于犹太教徒是不可能把异教（不同于自己所信仰宗教）中的教条和学说加入旧约之中。同样的，在澳大利亚原住民的语言中，也不存在这样的词，这也和他们的文化的信仰的宗教相关。这也说明了，语言和文化之间的联系。

Wierzbicka 发现，即使是在英语中，fate 和 destiny 的概念和意义随着英语的发展也发生了一些改变。因此，她提出，如果要真正客观地比较在不同语言或是同一语言不同层面中的这些概念，就需要独立于语言和文化之外的分析工具，而不是继续用一些复杂的方法，这种相对独立的分析工具即自然语义元语言的分析方法。

从常规的分析看，fate 和 destiny 在字典中的解释比较相似。例如，在《柯林斯字典》（Collins Dictionary）中，关于 fate 的解释是："fate 是一些人所相信的能够控制和决定所有发生事情的力量，是不可避免和改变的。"

关于 destiny 的解释是："一个人的 destiny 是指在他们一生中发生的事情，也包括在未来要发生的事情，特别是指受某人或某种东西所控制的。"

可以看出，对于 fate 和 destiny 的解释都集中在一种人们自己所无法控制的事情，而又会发生的事情。

在《新韦氏同义词词典》（Webster's New Dictionary of Synonyms：A Dictionary of Discriminated Synonyms with Antonyms and Analogous and Contrasted Words）（1984：327）中，对 fate 和 destiny 的定义分别为："假定存在这样的一个类似于上帝的中介，或者必要的法律。该术语（fate）通常意味着必然性，有时也指不变性。"

"destiny 可能意味着一种不可逆转的决定或任命（由神的意志或神）；甚至在这个意义上，它基本没有承载需要恐惧这样的意义；相反，它甚至可能意味着一个伟大的或高贵的状态或结束。"

从 Webster 给出的有关同义词的解释，仍不能使大家对这两个词的区分有非常清楚的认识，甚至出现了循环释义。

Wierzbicka 引用了 Charles Smith 在 1903 年出版的一本同义词词典中的分析："Destiny 包含了'伟大'和'永恒不变'的元素在其中。命运的理念是伟大和永恒不变的元素。它不适用于普通的事或人或生活细节，而是适用于明显的目的和圆满……所有的人都可用 fate 和 lot 来谈论命运；只有那些有重要事业的人可以说 destiny……fate……很少用于良好的感觉。当我们谈论到一个人的状况是由物质世界规律所造成的，是一种无意识的原因，我们可以用 fate。只要我们归结于更强大的来力量的规定时，我们用 destiny。Fate 是盲目的，destiny 是有远见的”（Charles Simth，1903：319，转引自 Wierzbicka，1992：92）。但这样的论述，对于其他语言和文化的人来说，并不一定能理解其中的含义，尤其是当用来解释 fate 和 destiny 的词是更复杂、更不容易定义的词。

通过对大量的历时语料的分析，Wierzbicka 认为在现代英语中，fate 没有暗示在事件背后有任何不可理解的神秘事物的存在的意思。而且即使有，也是非常轻微的。因为英语中 fate 的存在，是“呼吸着经验主义（empiricism）和怀疑主义（scepticism）的气氛而形成的”（Wierzbicka，1992）。在发展中，fate 的使用所具有的意义更接近于 future，而非它过去的同义词，例如 destiny 等。就像 fate 用在诸如地球的命运（The fate of the Earth）等说法中。

同样，英语中的 destiny 经历了类似的发展。在古英语中，充满了暗示 destiny 不可改变的、不可控的，且多数是“不好”的表达。例如 1548 年的表达：“普通人哀叹着他们的悲惨命运（The common people lamented their miserable destiny）”、1781 年的表达：“残酷的命运的力量（the force of ruthless destiny）”。到了 19 世纪中后期，fate 仍多数和“不好”相联系，destiny 和“好”相联系。在相关历史、文化和语料研究的基础上，Wierzbicka（1992：95）给出了它们各自 NSM 的解释，并且发现 fate 的使用范围在于一般民众的使用和描述上，而 destiny 则是具体某人的描述上。

Fate：

Different things happen in the world that are bad for people

These things happen because some other things happen

If those other things happen, these things cannot not happen
Destiny:
Different things can happen to different people
Different people can do different things
Some people can do things that other people can't do
I imagine I know that someone wants it
This someone is not part of the world

5.1.2　"命"和"命运"的民族志语用学视角解读

为了验证这种研究方法在不同文化词汇层面的解释力，本文选取了汉语中 fate 和 destiny 对应词进行研究。首先在《英汉双向大词典》(2009) 中，找到 fate 对应的汉语释义为"命运""宿命""天数""天意"；而 destiny 的解释为"命运""天命""天数"。之后，在许家金建立的 TED 汉英双语语料库中，以 test 身份进入系统后，分别以 fate 和 destiny 为关键词进行语料搜索，结果显示 fate 的词条共有 23 条，destiny 的词条为 35 条。分别进行筛选后，发现 23 条翻译中，fate 被翻译为"命运"的有 19 条，如例 5 - 1 所示：

例 5 - 1：We are the only species on this planet that has ever held its own fate in its hands.

人类是这个星球上唯一的将命运掌握在自己手中的物种。

And after that, my mother believed that it was fate.

在那之后，我母亲相信那是命运。

此外，fate 被翻译为"事实"或者通过其他翻译手段，如意译或省略等形式。如例 5 - 2：

例 5 - 2：And yet, that dreadful fate is indeed the plight of somebody somewhere on Earth roughly every two weeks, because every two weeks, some elder dies and carries with him into the grave the last syllables of an ancient tongue.

一个可怕的事实是在地球上，大约每两个星期就会有一位年长者仙逝，与之伴随的是一种古老语言的消失。

在 destiny 的 35 个词条中，翻译为“命”或者“命运”的有 24 条，如例 5 -3：

例 5 -3：Or the way we went to describe that later：manifest destiny .

要不，就像我们在那个时代之后的评价——“天定命运”。

She believes，“Yes，this is it，this is what my destiny is about.”

她会想，这就是我命中注定的。

其余的 11 条，destiny 被翻译为“归宿”“机遇”“遭遇”“神谕”“使命”或省略，如例 5 -4：

例 5 -4：We slapped Mother Nature around and won，and we always win，because dominating nature is our destiny .

我们粗暴地对待自然之母，并胜利了。我们总是胜利，因为支配自然是我们的使命。

Walshe 经研究认为，fate 在汉语中的对应词是 ming（命）（转引自 Wierzbicka，1992：68），因此，研究决定，除了选取在汉语中和 fate、destiny 对应频率最高的“命运”外，另选取“命”作为研究对象。并且，通过语料库辅助方法，搜索关键词，分析语料，并挖掘其背后的文化内涵，建立文化脚本进行分析。以下研究语料来源是教育部语言文字应用研究所创建的“语料库在线”中的“古代汉语语料库”和“现代汉语语料库”。语料选材类别广泛，语料时间跨度大，覆盖面广，能够反映时代特点、社会文化的变迁和语义的变化。

在搜索和选取语料之前，首先需要确定语料中“命”的意思。“命”在古汉语可作为名词或动词使用，共有六种不同的意思。针对研究内容，文中分析的“命”是作为名词的“命运、天命”。

在新华字典（第 11 版）（2013：348）中，找到“命”的解释为

"迷信的人认为生来就注定的贫富、寿数等"。在现代汉语词典（第六版）（2012：912）中，"命运"指生死、贫富和一切遭遇（迷信的人认为是生来注定的）；比喻事物发展变化的趋势及结局。

吾敬东认为，"命"即"命运"观念是整个人类最为古老的观念之一（吾敬东，2009）。他认为，在对中国人命运观念的解读中，多数的研究注重于这一观念产生的历史时期和哲学视角的分析。但是，观念的产生在社会层面远多于思想层面，在信仰层面也远多于哲学层面。本研究着重从社会文化层面去分析"命"和"命运"。

首先，中国文化中，关于"命"的观念有非常悠久的历史。吾敬东教授认为，"中国'命'即命运观念起源于原始社会，最初来自于占卜活动，而词语所直接表达的'命'观念要在殷商以后开始出现（吾敬东，2009：118）"。

其次，在分析中，Wierzbicka 认为 fate 更倾向于"不好"，而 destiny 倾向于"好"，通过对收集整理的语料分析，可以发现，汉语中的"命"既有好也有坏，而且经常和不同的形容词搭配，构成"好命""命好""命不好""命薄""命硬""命苦"等不同命运类型的表达，如例 5-5 所示。

例 5-5："只可怜我这妹妹这样命苦，怎么姑妈偏就去世了！"（清，曹雪芹《红楼梦》）

"薄命女偏逢薄命郎 葫芦僧乱判葫芦案"（清，曹雪芹《红楼梦》）

"想起贾母素日疼他；又想到自己命苦，刚配了一个才貌双全的女婿，情性又好，偏偏的得了冤孽症候，不过捱日子罢了。"（清，曹雪芹《红楼梦》）

"方才听太太说，新近请人为他批命，命硬得很，婚姻不会到头，淑英没过门就给他克死了！"（钱钟书《围城》，1947）

"唉，谁让我们挡车工命苦。"（马中俊、贾鸿源，《街上流行红裙子》，1984）

“你爸爸人家就是命好，苦的时候，梁山老汉还把闺女给了他，跟上游击队开拔以后，福气更大咧，就象没在这儿打过游击，再也不来咧。”（云晓璎，《本是同根生》，1985）

“命运”同样可以和不同的修饰词搭配，词本身没有具体的好坏之分，如例 5 –6 所示。相比较而言，在“古代汉语语料库”中，“命运”的使用频率要远低于“命”的使用频率。

例 5 –6：“怎知命运不对，连应过五六举，只是下第，盘缠多用尽了。”（元明，《初刻拍案惊奇》）

“桂生晓得有这旧规，也是他命运合当发迹，其年正当烧纸，忽见有白老鼠一个，绕树走了一遍，径钻在树底下去，不见了。”（元明，《警示通言》）

“宋江道：‘我命运这般蹇拙，今番必是休了！’”（元明，《水浒传》）

“谁知他命运两济，不承望自到雨村身边，只一年便生一子，又半载雨村嫡配忽染疾下世，雨村便将他扶作正室夫人。”（清，曹雪芹《红楼梦》）

第三，“命”在中国文化中，常受一种不受人类控制的力量左右，这种力量具有一种不可预知性。在中国的古代，经常视其为天意或者天命，是不可违逆的。不论人们喜欢或者不喜欢，它并不以人的意志为转移。如在《论语·卷六·颜渊篇·第十二》就有“死生有命，富贵在天”，认为万事皆由天命注定，这也反映出当时一种宿命论的思想。这也是傅斯年在《性命古训辩证》中所提到的“天道观”的思想（转引自陈宁，1999）。傅斯年在此书中所论述的古代天命观的思想，有助于加深研究者对中国传统文化的认识。他在书中首先探究了“性”和“命”的由来，认为“性”来自于“生”，“命”来自于“令”，并且直到汉代这四个字的意思才正式分别开始使用。之后，他着重探讨了自殷周以来的天命观，把中国人的命运观分为命定论、命正论、命运论、非命论和俟命论（王凤青，2002）。这些思想反映在语言当中，产生于西周末年并在春秋时期发展起来的盲目命观，把“命”与“天”组成“天命”，反映一种不受人支配和控制的力量，也反映出人们对命运的一种抽象，把无法解释的都归结于天，如例5－7：

例5－7：“商罪贯盈，天命诛之。”（指商纣王的罪业累累，就像铜钱一样穿得满满的。他的罪业深重，恶贯满盈，败国亡身。周，《尚书．泰誓上》）

“死生有命，富贵在天”（《论语 颜渊》）

“今兵败将亡，眼见独力难支，天命已定。”（许仲琳，明，《封神演义》）

“贾政见不效验，因阻贾赦道：“儿女之数总由天命，非人力可强。”（清，曹雪芹，《红楼梦》）

第四，在对待“命”的态度上，从历时的角度看，人们的态度有一定的转变，从开始的被动接受到后来的抗争意识。这一态度的转变是和时代的发展有一定的关系的。最初，人们认为冥冥之中的力量，或者是他们认为的神和上帝，或者是上天和先知，总之是在人自身之外的一种东西决定了人的吉凶祸福。人们无法改变或抗争，只能按照这种力量设定的路线走下去，人是无能为力的，这是上天或神的旨意和安排。如“命中注定”“听天由命”“死生有命，富贵在天”“命里有时终须有，命里无时莫强求”等等，如例5－8所示。

例5－8：“孤天命已尽，安可救乎?”（元明，罗贯中，《三国演义》）

“黛玉叹道：‘死生有命，富贵在天’也不是人力可强的。”（清，曹雪芹，《红楼梦》）

“‘我的儿，这也是你的命。’迎春哭道：‘我不信我的命就这么苦!’”（清，曹雪芹，《红楼梦》）

“她认为今生的不幸，是命中注定，天命不可挽回，把希望寄托在

来世托生。”（邢院生，《女伶》，1989）

“大爷年纪大了，大娘又瘫在炕上……命该如此，咱俩瞎子拉胡琴——吱（自）咕（顾）吱（自）吧。”（张我愚，《百灵回乡》，1982）

而另一种截然不同的态度则是胜命论的思想。认为自然界或人尚未掌控的层面，并非是不可控的、被动接受的。人们可以通过自己的主观努力改变命运，是一种“事在人为”“人定胜天”的思想。这两种对待“命”截然不同的态度，在语料中有众多的例子，有时也和动词连用，组成“信命”或“不信命”，如例 5－9 所示。

例 5－9：“我就这么伪认了假意者的虚情，而走上爱的道路，再由爱而步进了生命糜烂的陷坑，目下我是实实在在被愁恼淹埋着了，将来的命运虽不知该把我拖到什么地步，然而，我相信命运固可以制裁人，人确也可以创造命运的。”（东方隽，《诉》，1942）

第五，吾敬东的研究认为，最初发展起来的和命运相关的“命”更多是指国家生活命运，而非与个人生活相关。如，在《尚书西伯戡黎》中“天子！天既讫我殷命”，此处指的是殷商国家的命运。到了周代，“命”的观念已经非常普遍，仍然多适用于对国家命运的描述。但到了春秋战国时期，由于诸国纷争，战事频繁，国运的观点开始越来越淡薄，个人命运观开始出现（吾敬东，2009：125）。因此，“命”既可以反映国家的命运，也可以反映个人的命运。如例 5－10 所示。

例 5－10：“……吾以为命有二：有一己之命，有天下之命……君子者，不以一己之命为命，而以天下之命为命……顾天下之命，又不必推算而得；智者知之，愚者昧焉。”（另境，《五步楼散品》，1934）

“戴氏毕竟是一位史学家，他以一己之命寄托在天下之命上，可谓还其史家的本来面目。”（另境，《五步楼散品》，1934）

综上所述，“命”或“命运”的文化脚本可以为：

“命（ming）”，“命运（mingyun）”

people can think like this：

人们能这样想：

something happens to people

有些事发生在人们身上

this thing happens not because people want this thing to happen

这个事情发生不是因为人们想要这个事情发生

this thing happens not because people do not want this thing to happen

这个事情发生不是因为人们不想这个事情发生

people cannot know when this thing will happen

人们不能知道什么时候这个事情会发生

if this thing is good，people will feel good

如果这个事情是好的，人们会感觉好

if this thing is bad，people will feel bad

如果这个事情是坏的，人们会感觉坏

a long time ago，people thought this was bad to say that I did not want it to happen because this thing was bad

很久以前，人们想这样说不好：我不想它发生，因为这事情不好

now people think that this bad thing maybe not happen to me if I can do something before this bad thing happens

现在人们想，如果在坏事情发生前我能做些什么，这个坏事情可能不会发生在我身上

after this bad thing happens to people，now people think like this

这个坏事情发生在人们身上后，现在人们这样想

if I can do something，this bad thing will not be bad thing，this bad thing will not happen

如果我能做些什么，这个坏事情将不会是坏事情，这个坏事情将不会发生

从英汉对应词 fate，destiny，命和命运文化脚本的建立，可以发现

它们之间存在不同，这种不同的原因植根于它们不同的文化。在不同的文化背景下，随着历史的变迁，这些概念逐渐演化，并结合了各自的民族特征和性格，最终形成了文化内部视角的独特解读。即使是类似fate，destiny，命和命运这种在众多文化中多能找到对应表达的概念，也是具有各自文化特征的。

5.1.3 小结

正如美国伊利诺伊州立大学的人类学教授James Stanlaw所认为的，不同的人类学家即使进行同一个田野调查，他们得出来的结论也是不同的，某种程度上，民族志研究的可靠性和可复制性开始受到了怀疑。目前，人类学家对语言和文化的知识越来越敏感，因此，人类学从对隐含结构（convert structures）研究的兴趣开始转向对隐含意义（convert meanings）的研究。众所周知，语言和文化之间是有规则约束的（rule - bound），母语者对这些规则非常熟悉，但却很难进行解释，因此急需一种能够解决这两个问题的研究方法（Birx，2006）。而民族志语用学应用自然语义元语言，植根于民族文化，建立文化脚本的分析方法，无疑是语言文化研究中的一个新角度。

5.2 言语行为层面的民族志视角解读——以道歉言语行为为例

各个民族的文化观念在人们的思维中形成某种定势，并通过这种模式化的思维方式反映到了人们的言语行为中。孙隆基说："我们设定：每一个文化都有它独特的一组文化行为，他们总是以一种只有该文化特有的脉络相互关联着——这个脉络关系就是这组文化行为的'结构'。这个结构，可以在该文化中人们日常生活的表现里看到，也可以在同一群人的政治行为中找到，同时，它亦呈现在该文化的历史过程里浮现的规律性中”（孙隆基，2004：8）。本文认为，孙隆基提到的“文化行为的结构”的组成部分，即为文化中的价值观。Nanda 和 Warms 认为，价值观是位于文化结构之下的、共享的、关于什么是好的和正确的观点，目的是引导社会成员如何应对物理和社会环境中的情况（转引自 Samovar，2010：188）。Samovar（2010）认为，价值观的重要作用在于它们所建构的体系。在这个体系中，说明了什么是值得期待的，什么是禁止的。价值观不是对现实行为的一种总结，而是一种评价标准。这一标准不但能决定对现实世界行为的评价，也能决定相应制裁的使用。

胡文仲也认为，价值观是文化中最深层的部分，是人们在社会化的过程中逐渐获得的。价值观一旦形成，就会支配着人们的信念、态度、看法和行动，并成为人们的行动指南（胡文仲，1999）。

本文选取道歉言语行为进行民族志语用学视角的分析，将着重于某些道歉言语行为背后所蕴含的文化对言语行为的影响。正如前文所述，文化结构中蕴含诸多该文化的价值观，这些价值观能影响处于该文化中的人的态度，进而影响到他们的言语行为。本文拟在对道歉言语行为的研究进行简单概括的基础上，运用自然语义元语言的研究方法，对一些受各自所处文化价值观影响的道歉言语行为进行解读，为二语学习者认知系统中图式的建立提供新的方法和视角。

5.2.1　道歉言语行为综述

道歉是言语行为中的一种，从语言哲学角度对道歉的定义和归类应首先归功于哲学家 Austin。他在《如何以言行事》中，首先区分了两类话语，即言有所述（或称为表述句）和言有所为（或称为施为句）（Austin，1962：5）。随着研究的深入，Austin 认为人在说话时同时实施了三种行为，即言内行为、言外行为和言后行为，并且他对言语行为做了五种分类，评价类/裁决类、执行类/行使类、承诺类、行为类/表态类和阐述式。道歉的言语行为属于行为类的言语行为（Austin，1962：83）。Searle（1979）在 Austin 研究的基础上，把行事行为分为五类，即断言类、指令类、承诺类、表达类和宣告类。道歉被 Searle 归入就命题内容所处的某种特定状态下所表现出的说话人的某种心理状态（Searle，1979：15）。Goffman（1967）认为道歉是为了重建秩序、礼貌和和谐。Leech 认为道歉是对威胁面子行为（face - threatening act，FTA）的一种补救的言语行为，其目的是在违反社会规则后重建社会和谐（Goffman，1967：12；Leech，1983：104，转引自 Kasanga & Lwanga - Lumu，2007：65）。Brown 和 Levison（1987）认为道歉是一种典型的言后行为，是某种冒犯或者社会的规约被违反，也是说话者潜在的面子威胁。并且，道歉包含两个因素：其他人意识到了的冒犯行为对冒犯者面子的影响和道歉行为对冒犯者面子的威胁，两个因素都会影响冒犯的严重程度（转引自 Helen Spencer - Oatey，2000）。Olshtain 和 Cohen 指出，当社会规约被违反时，道歉行为会出现。道歉包含两个参与者：道歉人和接受道歉者（转引自 Anna Trosborg，1987：148）。

在道歉话语的研究内容方面，学者们从不同角度进行探讨。例如不同语言中的道歉言语行为（Afghari，2007；Cohen & Shively，2007；Salgado，2011），道歉话语中一些语义成分的使用（Cohen & Olshtain，1981；Olshtain，1989；Vollmer & Olshtain，1989），从文化角度研究道歉言语行为（Byon，2005），道歉言语行为中的策略使用（Trosborg，1987），日语和英语道歉的对比研究（Barnlund & Yoshioka，1990；Tanaka，1991；Kotani，1997）等。其中，Byon（2005）在美国人学习韩语道歉的社会语用研究中，提出对第一语言和第二语言文化的理解是影响道歉言语行为的关键因素之一。在一种言语行为中，母语者诸如等级观念等认知价值取向会内嵌于他们言语行为的选择和使用中。这为本文从民族志语用学视角分析言语行为背后的文化奠定了基础。

在中、西方文化中，道歉都被认为是一种补救性的言语行为，国内关于道歉的研究主要是从语用学和跨文化交际的角度出发的（贾玉新，1997；胡文仲，1999；方瑞芬，2008；黄永红，2001，2010；姜占好，2004；洪溪珧，2008；刘思，刘润清，2005；赵弘，2008）。郝晓梅（2005）认为，与西方文化从目的和功能研究道歉言语行为略有不同的是，国内的研究中很多强调了道歉的人文特征，并注重道德、伦理和人情。

5.2.2　道歉言语行为的民族志语用学视角分析

本文选取道歉言语行为进行分析，原因如下：首先，道歉是日常生活中使用较为频繁的一种言语行为形式，对它的分析具有一定的现实意义。正如前文定义中提到的，道歉是在违反社会规则后的一种补救和重建社会和谐的行为，过程中体现了对说话者潜在的面子威胁。本文认为，这种体现了矛盾和冲突的言语行为，更容易反映出文化间的差异。人类学家 Michel - Rolph（2002）也认为，道歉言语行为存在着文化的差异。在纽约一场交通事故中双方都认为满意的道歉方式可能在两个加勒比农民关于土地的争斗中并不适用（转引自方瑞芬，2008：108）。因此，从文化的不同视角对道歉言语行为进行研究是必要的；其次，根据美国社会语言学家 Coulmas 的观点，（研究的）难点归结为一个一般性问题：言语行为是如何从跨文化的角度进行比较和解释的？把诸如感谢和道歉的言语行为视为不变的抽象，肯定是一种不成熟的立场……我们不能假设某一种语言中对言语行为的分析具有普遍意义（Coulmas，1981：70，转引自 Wierzbicka，2003：156）。而且本文认为，在以往对言语行为的分析中，多为外部视角的分析（outside approach），倾向于采用设置情境，要求被测试者进行问卷填充（简称为 DCTs）的方式。这种对道歉言语行为的研究，较能反映真实的口头语言。从数据采集来看，也相对高效。而研究者的主要目的是对道歉策略的总结。本文拟从内部视角（insider approach）出发，侧重于分析受一定文化价值观影响的特定道歉言语行为。目的在于为言语行为的研究提供一个新的、更注重文化研究的视角，试图在今后的文化语用能力研究中，实现外部视角和内部视角的共同作用，致力于文化语用能力的培养。

总结前人研究成果，可以发现，汉、英的道歉言语行为存在着很多相似之处，J. Holmes 认为，道歉是为了弥补一方冒犯另一方的后果并维持和谐关系而进行的。在汉、英的道歉言语行为中，可以发现给别人造成不便所导致的道歉、打断他人谈话或者话题转换之前的道歉、浪费他人时间所引起的道歉、损害听话人所有物行为的道歉、拒绝别人，可能会引起冒犯行为之前的道歉或者在表达不同意见之前的道歉等。当然，也发现了汉、英中独特的道歉言语行为，比如，汉语中存在典型的无冒犯行为而道歉的现象，出现了“本末倒置”的道歉；存在大量的对国家和集体的道歉；在英语中，也存在着由于空间距离的缩小而引起的道歉。结合道歉已有研究成果，本文拟从文化的视角出发，对上述两种文化中各自存在的、具有各自文化特色的道歉言语行为进行分析。探讨特定的文化价值观是如何影响到具体言语行为发生的。

研究在前人对道歉言语行为的基础上展开。为了使研究更具说服力，本文选取了一定语料进行辅助说明。语料包括了口语语料和书面语料。选取书面语料的原因，是早期的口语语料较难获得。正如著名语言学家 Halliday 所述，“录音机的发明（20 世纪 40 年代）给语言带来了无法逆转的契机。但是，有了录音机并不等于语言学家就可以立即转向口语研究”（转引自陶红印，2001：50）。陶红印也指出，所谓口语言谈语料的自然性是指不要为了收集语料而进行谈话。在比较自然的环境和场合下，没有语料收集者的出现谈话还会照常进行，这种语料的价值就是比较可靠的。虽然人们可能会因为录音或者录像的问题而对话题的选择和观点的表达更谨慎，但“谈话人一般不会改变交际方法的基本方面或语法结构的细微方面”（陶红印，2001：53－54）。并且本文认为，不论是书面语料还是口语语料，其言语行为的描述和表达都是受文化影响的。最终，本文确定语料来源为以下几个部分：中国传媒大学国家语言资源监测与研究有声媒体中心的媒体语言语料库（简称媒体语言语料库）、本文自建语料库（包括影视剧本和话剧剧本）以及前文提到的“语料库在线”。需要说明的是，出自上述语料库的语料仅为分析中的辅助语料，以验证某种道歉言语行为的存在，并非对语料库中所有语料进行穷尽式的研究。

在分析中，根据道歉言语行为呈现方式的不同，可以分为对道歉语的直接描述，如“樊成银到这时忽然觉察到自己的行动有点不够礼貌，忙解释说：‘对不起，刚才……’（王凯《过滩》，1959，自建语料库）”；也包括一种间接的转述方式，如“……当拍到第十条的时候，我实在是难过了，我说子怡，我说对不起，我实在不好意思”（“全明星阵容打造‘最爱’”，鲁豫有约，2011－5－10，媒体语言语料库）。间接转述的方式可能对道歉言语行为的细节描述上略有省略，或是情况稍有改变，但转述的关键部分，即道歉的言语行为不会改变。

在分析中，由于语料查找等原因，本文选取的例句均是具有道歉词语标记的道歉言语行为。不同于英语中道歉词语较为集中的特点，汉语中的道歉语数量较多。陈泳涵（2011）在相关研究基础上，把汉语中的道歉语分为从道歉者一方出发的道歉语和从接受道歉者角度出发的道歉语。前者又分为直接陈述言行不当类道歉语、表示歉意类和赔罪类道歉语；后者则主要指请求对方原谅类道歉语。本文借鉴了她的分类方式，并且，在语料查找分析的基础上发现，汉语中符合上述分类标准的、有标记的道歉语，随着时代的变化也在数量和具体用词方面不断变化。陈述言行不当类的道歉语有“失敬”“失迎”“得罪”等；表示歉意类和赔罪类的道歉语有“抱歉”“对不起”“对不住”“赔不是”等；请求对方原谅类的道歉语有“原谅”“海涵”等。本节的研究目的在于对不同文化中道歉言语行为的一种文化内部视角的尝试性分析，并非对道歉言语行为的穷尽性研究，因此，本节在语料查找和分析中，只选择了目前使用较为频繁的部分道歉语作为查找的关键词，通过例子分析，最终确定了不同文化背景下特定的几种道歉方式作为研究对象，试图从民族志语言学的视角对其进行分析，发现特定言语行为背后隐含的文化价值观对言语行为的影响，从而为文化语用能力认知模式中精细加工的图式、框架、脚本和文化模型提供研究思路。

5.2.2.1 中国文化中的“假道歉”

首先，在中国的道歉言语行为中，有一种特殊的形式，即道歉者并未冒犯被道歉者，或者损害到被道歉者的面子和利益，实际不需要用道歉的方式去修补面子和关系。并且道歉者在表示歉意时，本身也并未认为自己犯了错误，但仍采取了道歉的行为，有学者称其为“假道歉”。在中国文化中，“假道歉”已经成为了一种公式化的客套语，带有中国特有的文化习俗。比较典型的有对别人表示失敬或失迎，或者通过贬低自己的水平和自己的劳动成果，来表示对客人尊重，同时也显示自己的谦虚礼貌，如例5－11所示。本文认为，这种“假道歉”的言语行为，是受中国文化中“和”文化的影响。

例5－11：南文子：“严帅远道而来，有招待不周之处，请见谅。”

严震：“南文相国不必客气……”（覃曦　话剧《大秦英豪榜》，自建语料库）

“公孙乾引见身边的青年男子：‘这位是屈尊在我国作客的燕国太子丹殿下。’韩若冰向太子丹拱手行礼：‘太子殿下，失敬，失敬。’”

太子丹还礼：“客气，客气。”（莫言　话剧《我们的荆轲》，自建语料库）

乔老夫人显然对于这种客人也是见识过的，但见她并不倨傲，也不过分亲和，只是礼貌地道：“只是准备了些家常便饭，招待不周，还请见谅！”（电视剧本《盛夏晚晴天》，自建语料库）

窦文涛：我要特别给你介绍，她是咱们的高级编译主任傅晓田同志。

梁文道：傅主任，失敬失敬。

傅晓田：没有没有，不敢不敢。（《锵锵三人行》题目：傅晓田：中国男人一边仇日一边又对AV女优很有感情2012.9.29，媒体语言语料库）

作为中国文化中“和”的提出，学者们有着不同的看法。刘苏（2006）认为“和”的概念在商代就有萌芽，西周开始提出。张文（1997）认为“和”在《尚书》中多次出现，指各个方面和睦、和顺的关系，之后借用“中”字，组成“中和”，意指“公正行事以致和，中是原则、手段，和是结果”。之后，孔子对此进行了继承和发展，并创造出“中庸”的概念。但比较公认的是，“和”的思想是儒家思想的重要组成部分。周有光先生在《传统文化与现代社会》中说：“中国传统文化是以儒学为中心，吸收诸子百家以及印度和其他外来文化，从而形成的综合文化。”（周有光，2014：17）。纵观中国文化发展历程，儒家思想确实在中国文化中起到了主导作用，儒家文化决定了中国传统文化的基本特征，儒家思想的基本特征之一是提倡“执中贵和”（田根胜，余意，2003）。此时的“和”，从原指社会与自然和睦、协和、和平、祥和的统一状态，发展到在道德层面上，要求人与人、人与社会保持和谐的关系。孔子认为“和为贵”，孟子认为“天时不如地利，地利不如人和”。经过了多年的历史沉淀，“和”已成为中国社会文化中价值观的一部分和文化心理的构成，对人们的言行产生了深远的影响。秉承这一思想，中国人十分注重和谐局面的保持和维护，注重人与自己之间、人与人之间、人与社会之间、人与自然之间等方面的统一和谐。辜堪生（2008）认为，“和”的积极方面，是为了实现共同理想和社会和谐的目标，而进行积极的沟通，克服歧见，通力合作。而从消极的方面看，则意味着为了实现化解人与人之间紧张或者冲突状态的目标，而使部分社会成员放弃自己的合理利益。孙隆基（2004）在《中国文化的深层结构》中阐释，思想上的“和为贵”反映到行为和做人，是注重“礼尚往来”，双方面都不要仅仅计较自己的利益，要学会互相让步。因此，在“和”这一文化价值观影响下，发生“假道歉”时，描述这一传统思维的文化脚本是：

people can think like this:

人们能这样想：

I did something

我做了些事

I did not think that this thing was bad

我不认为这个事情是坏的

I knew that the other people did not think this thing was bad

我知道其他的人不认为这个事情是坏的

I said to someone that I felt bad because of this thing I did

我对某人说我感觉不好，因为我做了这个事

I said this because I wanted someone to feel good

我说这个因为我想要某人感觉好

if someone wants me to feel good, after I said this, someone will say like this:

如果某人想要我感觉好，在我说这个后，某人将会这样说：

I did not think you did something bad. I did not feel bad

我不认为你做了坏事情。我没有感觉不好

all people will feel good

所有人将感觉好

people did all these because people want all people to feel good.

人们做所有的这些因为人们想要所有人感觉好

5.2.2.2 中国文化中“本末倒置”的道歉

根据某些道歉言语行为的背景分析，道歉者本身并未犯错误，甚至错误在于被道歉者，但仍出现了道歉者进行道歉的现象。可以发现，社会地位在中国的道歉言语行为中，起到了很关键的作用，如例5-12，《红楼梦》中的平儿，无端被凤姐作为出气筒后，还要主动向主子认错，因为她只是凤姐的通房丫头，社会地位低于凤姐。

例5-12：平儿忙走上来给凤姐儿磕头，说："奶奶千秋，我惹了奶奶生气，是我该死。"（清，曹雪芹《红楼梦》，语料库在线）

这种交际双方社会地位的高低对道歉言语行为的影响，在现代社会中仍然存在。在例5-13中，由于秘书的地位要低于社会地位较高的副总，出现了虽然是副总的行为对自己造成了伤害，但还要进行"本末倒置"的道歉言语行为。

例5-13：场景1—夏曼琳（公司总经理）办公室门外（日），妙然（夏曼琳女儿，公司副总）噘着嘴走出，迎面与抱了一堆资料的秘书撞在一起。

资料散落一地，秘书连忙道歉："对不起啊，夏总。"

妙然没好气："什么夏总，快撤职了。"说完扬长而去。（话剧《故乡》，自建语料库）

场景2—急急离去的罗野（广告公司副总），迎面撞上端茶送水的女秘书，碰翻杯子中溅出的热水烫得女秘书尖叫出声，杯盘落地。

女秘书连连赔罪："对不起，罗总…"

罗野则无心他顾，张皇而去。（话剧《故乡》，自建语料库）

上述在中国文化中出现的特殊道歉行为，究其根源是受中国的"礼"文化的影响。"礼"是中国文化的基本特征之一。邹昌林（2000）认为，中国的"礼"不同于其他民族文化中的代表"礼俗""礼义""礼貌"范围的"礼"。中国文化中的"礼"是随着社会发展，和政治制度、伦理道德、宗教、哲学思想、法律、习俗、文学、艺术等结合在一起的。"礼"的文化贯穿中国古代和现代，不仅包括"礼俗"，也包括"礼制""礼仪""礼义"和"礼规"，是制约中国人民行为规范的基本方面之一，是中国文化中所特有的。并且，其他文明中，随着第一代文明的灭亡和缺乏文字记载礼文化内容的原因，很多制度和思想上的“礼”文化未能得到保存，只继承了“礼俗”中的部分，后来转变为交往中的礼节。但中国的“礼”文化的发展一直延续了下来。“从礼俗而发展到礼制，从礼制而发展到礼义，既而又从礼制、礼义回归于礼俗”（邹昌林，2000：15）。“中国之‘礼’，固重于形式，而有‘繁文缛节’之称，然更重于内容与精神，注重于知行之统一。”（邹昌林，2000：15）。“礼在中国传统文化中具有生活大全的性质，从天地人鬼祭祀，到朝廷典章制度、饮食庆典、婚丧嫁娶……乃至言谈举止……无不囊括其中，这里面经过了多层次的文化整合”（张晓虎，2002：27）。“礼”在社会结构和社会制度上表现为，中国从原始社会到奴隶制社会，后进入封建社会后，形成了按照血缘关系确立的宗法等级制度（白奚，1997；邹昌林，2000）。作为中国“礼”文化中的宗法制社会，家族制度和家庭结构是以宗法血缘为基础的，即人的地位生来是不平等的，存在嫡庶之分、长幼之分、亲疏之分和远近之分，社会中的尊卑等级基本是难以逾越的，而一系列的道德规范、行为规则都建立在这种等级地位的基础上，使当时的中国文化具有极为鲜明的特征。

这种“礼”文化中的尊卑等级，随着文化的延续被一代代继承和发展，浸润人们的思维方式，这种具有特定文化特色的定式思维又会在人们交际过程中反映在他们的言语行为中。因此，受“礼”文化尊卑等级价值观影响的道歉言语行为的文化脚本可以描述为：

people can think like this：

人们能这样想：

something bad happened

不好的事发生了

this thing was not done by me

这个事情不是我做的

this thing was done by someone above me

这个事情是比我地位高的人做的

I knew this

我知道这个

I felt bad

我感觉不好

I cannot say that someone above me did something bad

我不能说比我地位高的人做了不好的事

I cannot say I felt bad because someone above me did this thing

我不能说我感觉不好因为比我地位高的人做了这个事

because I do not want someone above me to feel bad

因为我不想让比我地位高的人感觉不好

I said I did this bad thing

我说我做了这个不好的事

I said I felt bad because I did this thing

我说我感觉不好因为我做了这个事

I said like this because this someone is above me

我这么说因为这个人地位比我高

if this someone is not above me

如果这个人地位不比我高

maybe I will not do like this

也许我将不会这么做

5.2.2.3　中国文化中受“集体主义”影响的道歉

在中国的道歉言语行为中，从道歉者的角度看，经常出现个人对国家、集体等的道歉言语行为。如例 5 - 14 中，道歉者所关心的是个人的行动给集体带来的影响，并就带来的不良后果对自己所在的集体进行道歉。

例 5 - 14：秦昭王：“如果我没有作为，上对不起列祖列宗和商君，

下对不起千千万万为了实现统一天下大业日夜辛劳的臣民。(覃曦，话剧《大秦英豪榜》，自建语料库)

邹福远：唉！福喜，咱们哪，全叫流行歌曲跟《纺棉花》给顶垮喽！我是这么看，咱们死，咱们活着，还在其次，顶伤心的是咱们这点玩艺儿，再过几年都得失传！咱们对不起祖师爷！(老舍，话剧，《茶馆》，自建语料库)

如果说例5-14的例子可能存在书面语体中某些加工成分在内的话，例5-15中来自传媒语料库的例子则体现了在现实生活中，这种针对国家、集体道歉行为的普遍性。

例5-15：樊建川：……(饶国华)他就口述遗言，作为一个将军把仗打成这么样，对不起国家，对不起民族，对不起领袖，今天我就死在这了……(《锵锵三人行》题目：樊建川："二战"中国军死10人日本军才死1人，2010.9.3，媒体语言语料库)

窦文涛：你像王朔在国外，曾经碰见一个台湾老兵，问他说你为什么不回国，老兵说当年仗没打好，对不起祖国人民……(《锵锵三人行》题目：陈淑婉：退伍老兵遍布台湾 很多人晚景凄凉，2010.8.9，媒体语言语料库)

王濛：这件事情不管怎么样给社会造成了负面影响，我觉得应该向全国人民道歉。(《新闻1+1》题目：王濛之过?! 2011.8.5，媒体语言语料库)

(大理州环保局局长)许映苏：每天都有水位报告，每个月我都有检测的数据，洱海搞坏了，我们上对不起祖宗，下对不起子孙后代……(《新闻和报纸摘要》2008.1.6，媒体语言语料库)

盛光祖表示："7.23…事故造成的严重后果和不良影响，(铁道部)深感对不起国家，对不起人民群众……"(《新闻和报纸摘要》，2011.12.29，媒体语言语料库)

上海市气象局办公室主任冯磊说，上海的气象观测站采集的数据不准确……如果长期数据偏差，“不仅对不起老百姓，还对不起后人。”（《第一时间》“马斌读报”2008.3.24，媒体语言语料库）

甚至在某种情况下，道歉者的言行只是没有达到预想的目标和要求，而这预想目标和要求被认为是和集体的荣誉相关，也出现了道歉的言语行为，如例5－16。

例5－16：欧阳夏丹：昨天举重赛场可以说给我们带来了很多的意外，首先是吴景彪，他本来是夺冠的大热门，结果最后他只拿到了一枚银牌……赛后他痛哭流涕，说心里有愧，对不起中国举重队，对不起祖国……（《新闻1+1》题目：伦敦奥运主火炬悄然熄灭搬离2012.7.30，媒体语言语料库）

从上述语料中可以发现，上述道歉行为的共同点是个人考虑自己的言行，都是先从集体的角度出发。本文认为，这类具有中国特色的道歉言语行为，是受到了中国传统文化中“集体主义”价值观的影响。其实，“集体主义”和“个人主义”存在于一切文化之中，差别在于哪一种起到了主导作用或者占主流地位。此处，本文虽然采用“个人主义”“集体主义”的说法，来对应英语中的“individualism”和“collectivism”，但本文认为在不同的文化中，对于这些表示文化内涵和价值观的词语的理解是存在差异的。

一般来说，“个人主义”占主流文化的国家有美国、加拿大、澳大利亚以及北欧国家。“集体主义”占主流的国家主要有亚洲、非洲、阿拉伯等国家。Hofstede（1991）认为，个人主义（individualism）涉及社会中个人与个人之间的联系比较松散。每个人的预期是照顾好自己和自己的直系亲属。而集体主义（collectivism）则相反，它涉及社会，人从出生到死亡是和具有很强凝聚力的集体在一起的，从始至终，集体保护着个人，但它也需要人们用绝对的忠诚作为回报。Samovar（2010）也认为，在集体主义的文化中，人们首先把自己看作是集体或者团体中的一员，而不是独立的个体。他们关心个人行动带给集体的影响。

这种文化价值的不同取向，使人们在不同的文化模式下，形成了完全不同的有关自我和他人的概念，这种概念进一步影响到了他们的言语行为。在“集体主义”价值观的影响下，每个人不是独立的自我，个人和他人之间存在着种种联系，他们之间的互相依赖，共同构成了一个集体或群体。一个人的行为，首先要参照的是集体的要求和社会的规范，他们自身的特性和要求是次要的。“集体主义”下的自我是组成集体的部分，不能作为完全独立的个体去考虑。在“集体主义”下，不考虑集体需要的言行是非常自私自利的。当个体目标和群体目标出现了不一致，在“集体主义”价值观的影响下，个体更倾向于放弃自己的目标而保护群体的目标。个人的认知、心理、动机、行为、情绪都受到了这种价值观的影响。而个体的言行在某种程度上没有达到集体的期望值，或者个人言行对集体产生了影响，这对个体来说是难以接受的，也经常会受到集体成员的谴责。

正是这种价值观，造成了中国的道歉言语行为中，出现了特殊的对于国家、集体的道歉行为。如果从文化内部视角出发，对深受“集体主义”价值观影响的道歉言语行为进行描述，文化脚本如下：

people can think like this：

人们能这样想：

I am one of many people

我是许多人中的一个

before I do something，I will think about all the other people before I think about me

在我做事之前，我将先想其他所有人，再想我自己

I want all people to feel good because of the thing I did

我想让所有人因为我做的事感觉好

because I am one part of all people

因为我是所有人中的一个

all people of the same kind will think the same like me

所有这类人将和我想的一样

if I think that I did some bad things

如果我想我做了一些不好的事

I will think that all people maybe feel bad about this thing

我会想所有的人可能感觉这个事不好

maybe people do not feel bad

也许人们没有感觉不好

maybe people do not want me to say DUIBUQI

也许人们不想让我说"对不起"

I will say DUIBUQI to all people because I am one part of all people

我将向所有人说"对不起"因为我是所有人中的一部分

all people of the same kind will do the same thing like me because people are parts of these people

所有这类人将像我一样做同样的事，因为人们是这些人的一部分

5.2.2.4 西方文化中关于空间距离的道歉

在西方文化中，有种道歉行为是汉语中不常见的，即有关空间距离的道歉。在国外生活或学习过的人可能有这样的体会，当在比较狭小的空间相遇时，如在卫生间或者电梯内，会响起此起彼伏的道歉声。实际空间距离不至于狭小到碰撞的程度。这种情况在中国却不常见。很显然，不同的文化群体对空间距离和使用有着不同的看法。

美国人类学家 Hall 将个人之间的距离分为了四种：亲密距离（intimate distance）、个人距离（personal distance）、社会距离（social distance）和公众距离（public distance）。其中的亲密距离，可以是完全没有距离，或者稍远些为6到18英寸（约0.15米到0.45米）。Hall 的研究表明，美国的中产阶级和成年人认为，如果陌生人进入到上述的亲密距离，会让他们感觉很不舒服（Hall，1990：118）。Brosnahan 的研究

也认为，中国人的体距小于西方人。他说："中国人的距离……要比英语国家的人近，在公共场合更是如此……英语国家的人在一起时，如果有局外人走进 18 英寸的范围，即使是在大庭广众之中，也一定会被看成是一种侵扰。中国人却不一定有此感觉"（转引自胡文仲，1999：119）。

Samovar（2010）认为，空间是和文化联系在一起的，尤其是和文化价值观有密切的联系。在美国文化中，个人的隐私是受高度重视的。如果换成较为通俗的说法，即美国人需要较大的空间。Samovar 进一步分析说，这种对空间和隐私的重视，实际是和美国文化中"个人主义"的价值观有密切关系的。

美国社会学家 Robert N. Bellah（1985）认为，"个人主义"是美国文化的核心价值观。"我们有自我思考、自我判断、自我决定、过我们认为适合自己的生活的权利，任何违背这种权利的行为不仅在道德上是错误的，更是对人权利的一种亵渎（转引自 Samovar & Porter，2003：243）。前文提到，Hofstede（1991）认为，"个人主义"占主导的文化中，个人和个人之间是比较松散的关系。Andersen 等学者则强调，"个人主义"文化中，人们在更大程度上依靠个人判断而非集体决策，但在东方文化中更重视的是人之间、人与自然之间的和谐，更重视集体判断（转引自 Samovar & Porter，2003：243）。

Samovar 和 Porter（2003）认为，这种文化的价值观，也影响到了文化中的非语言行为。比如，来自于"个人主义"占主导地位文化的人们，他们之间的距离相对要比较遥远。之后，Samovar（2010：270）通过进一步研究发现，在文化中更多强调"个人主义"的文化国家，如美国、英国等，通常比强调"集体主义"文化的国家需要更大的空间距离。这也说明了为什么在英语中，空间距离的缩小会导致道歉的出现。因为在更多强调"个人主义"的文化中，进入该文化中所认定亲密距离内，会被认为是一种个人侵犯。但如果采用传统的描述方式来解释这种英语中独特的道歉行为，例如，用“个人主义”“集体主义”等带有本民族文化偏见的词语去解释，不利于对言语行为的正确理解，以及对言语行为背后文化的正确解读。因此，研究拟采取民族志语用学的视角对由“个人主义”价值观影响的、由于空间距离而引起道歉，进行如下解读：

people can think like this：

人们能这样想：

I do not want to be the same like all the other people

我不想和其他所有的人一样

all the other people think the same like me

其他所有的人和我想得一样

because of this，I can do things that I like

因为这个，我能做我喜欢的事

before I do things，I will not think about all the other people

在我做事之前，我将不会想其他所有的人

I do not want the other people to say something about the things I do

我不想让其他的人说有关我做的事情

all the other people think the same like me

其他所有的人和我想得一样

because people think like this for a long time

因为人们很久以来这样想

because people do things like this for a long time

因为人们很久以来这样做事

people want to be far from the other people

人们想远离其他的人

because people do not want the other people to feel like this：

因为人们不想其他的人这样想：

someone wants to know something about me

有人想知道我的事

someone wants to say something about me

有人想说我的事

because of this, if someone is near

因为这个，如果有人在旁边

if people do not know this someone

如果人们不知道这个人

people will feel bad

人们将感觉不好

people will say SORRY

人们将说“对不起”

此小节分析了中、英道歉言语行为中四种特殊类型的道歉，并从民族志语用学的视角对其进行了解读。在这里应该明确的是，民族志视角对文化的解读，是一种尽量“去民族化”的方法，本文致力于为文化语用能力研究中认知模型的建立提供更加中立的认知图式。但这并不能说明此方法适合解释文化中的所有问题；民族志语用学视角对文化和言语行为的解读，本身采取的是内省的方法，由于研究者本身的局限性，在文化脚本的解读方面仍有完善的空间；并且，现有的从民族志语用学视角出发的、建立文化脚本的研究，用以描述的语义基元仍是以英语的形式出现，Wierzbicka（1996）虽然在有关语义基元的分析中，说明语义基元在不同语言中可能以不同的形式存在，但她并未明确其在其他语言中的形式，这也给本文的研究造成了一定的困难。但本文认为，上述问题的存在，并不能否认民族志语用学视角的解读，可以提供给研究者对文化和言语行为研究的新思路。

5.3 小 结

在前一章文化语用能力认知模型研究的基础上，本章提出了从民族志语用学的视角对文化语用能力的研究，主要为文化语用能力调用和匹配的文化信息的认知存储提供新的研究角度。通过对文化词语的民族志语用学视角分析，可以发现，即使在不同文化内经常被认为高度契合的词语，实际上也隐含着本民族独特的文化。这种文化内部视角的解读，可以使学习者更为清晰地发现文化间的细微差别，在学习者理解的基础上，形成更为客观、中立的文化图式，储存于记忆中，当文化语用能力在交际中得到激活时，更有利于文化语用能力做出分析和判断，对文化信息进行调节和调用。

本章还以道歉言语行为为例，说明民族志语用学不仅可以从文化内部视角对文化词语进行解读，还可以结合深层文化价值观对具体的言语行为进行阐释。研究选取了英、汉道歉言语行为中的四种作为研究对象：汉语中的假道歉、汉语中“本末倒置”的道歉、汉语中习惯性对国家、集体的道歉以及英语中关于空间距离的道歉。在分析中发现，上述道歉行为都是受特定文化中特定价值观影响的。三种具有中国特色的道歉言语行为，是受中国文化中“和”“礼”和“集体主义”价值观影响的；而英语中关于空间距离的道歉，则是受到西方文化中“个人主义”影响的。并且，研究从民族志语用学的视角对上述言语行为进行了文化脚本的解读。这种尽量“去民族化”的研究方法，对于建立认知图式、框架、脚本和文化模型有一定的帮助作用，有助于二语学习者在习得和学习文化的过程中，加深对文化的认识和理解。也有助于记忆过程中更加精准的脚本的建立，对文化语用能力受到交际刺激激活后，成功调用文化信息也有一定的作用。

第 6 章　二语学习者文化语用能力培养策略

本文提出了文化语用能力的研究，认为文化语用能力是语用能力研究的维度之一。文化语用能力的存在不仅使学习者能习得和学习母语文化内相关知识，还使他们能够习得和学习非母语的文化知识。它的存在不但实现了学习者对母语文化知识和非母语文化知识在认知系统中的感知、注意和记忆，又实现了母语文化知识和非母语文化知识通过认知系统中同化、顺化的作用，不断达到平衡并发展；并且，当文化语用能力在具体的交际环境中得到激活后，可以调用、匹配不同的社会文化因素进行输出，与其他能力共同作用，顺利完成交际。在对文化语用能力定义和特点描述的基础上，研究从文化视角出发，进行问卷调查和分析，阐释文化语用能力与其他能力之间的关系。之后，从认知视角建立文化语用能力认知模型，并从民族志语用学的角度为文化的解读提供了一个新的视角。本章拟对二语学习者文化语用能力的培养策略进行分析总结。第一节是学习策略相关理论基础。第二节是二语学习者文化语用能力培养策略研究。第三节是本章小结。

6.1　学习策略相关理论基础

学习策略的研究始于第二语言习得领域对高效率学习者（effective learner）学习特点的关注。国外有关第二语言学习策略的研究始于上世纪 70 年代，有学者认为，特别的学习技巧或策略对第二语言习得可能有帮助。1975 年，J. Rubin 的文章"善于学习语言的人能教给我们什么?"（What 'the good language learner' can teach us?），总结了善于学习语言的人的学习策略，被看作是国外学习策略研究的开始（O'malley & Chamot，1990：2）。文秋芳认为，中国的外语学习策略研究起步于广州外国语学院。虽然比国外晚了大约 10 年的时间，但从起步开始，他们的研究成果就受到了国际应用语言学界的关注（文秋芳，2003）。有关策略的研究主要涉及以下几个方面：对所谓善于学习者的策略的研究、不同学习者在使用策略上的差异及效果、策略使用与语言成绩的关系、影响策略使用的因素、语言策略的培养及效果等。围绕这几个方面的研究成果不断涌现。

关于策略，研究者们对此有着不同的理解。在 Ellis，O'malley 和 Chamot，Macaro 关于学习策略的专著中，列举了众多学者对于学习策略的不同定义：

Tarone（1981）认为，学习策略是发展目标语语言能力和社会语言能力的努力。而策略使用的动机是学习目标语的需求，而非对于交际的需求。

Weinstein & Mayer（1986）认为学习策略是学习者在学习语言时会影响到他们编码过程的做法和想法；之后又补充说，学习策略是影响学习者的动机或情感状态，或学习者选择、习得、组织和整合知识的方式。

Stern（1983）说，从我们的观点看，策略是表现语言学习者总体倾向和整体特征的方法。

Rubin（1987）认为，学习策略是有助于学习者建构发展语言系统的策略，并且能够直接影响到学习。

Wenden（1987）认为，学习策略是指学习者实际采用的语言学习行为，以便学习和规范第二语言的学习……有关他们运用的策略的知识……他们所知道的语言学习的方面而不是他们使用的策略。

Chamot（1987）认为学习策略是学生所掌握的技巧、方法或者刻意的行动，目的是有助于学习、回忆语言和内容的知识。

Oxford（1990）认为，那些让学习者们的学习变得更加容易、快速、愉悦、自主、有效、可传递的特殊的行动是学习策略。

Cohen（1998）认为第二语言学习策略包括第二语言学习和第二语言使用策略。两者的结合使语言学习者构建了他们有意识地为了学习和使用语言所采取的步骤和方法。

Murray 和 Christison（2011）认为，实际存在两种不同的学习策略，一种是语言学习策略（language learning strategy），一种是技巧学习策略（skill learning strategy）。这一点和 Tarone 对学习策略的定义有共同之处。他们接着分析说，语言学习策略的例子包括记忆词汇，如何和本族语者进行交谈，如何推理；技巧学习策略则把重点放在学习者如何成为一个有效的沟通者，包括许多形式的活动，如阅读技巧、写作技巧、信息的学习和记忆、和他人的有效沟通、有效测试以及如何激励自我学习（Murray & Christison，2011：183）。

在上述对策略的定义中，可以发现学者们存在的一些分歧，如策略到底是一种总体的学习方法，还是为解决某一方面的问题而采取的行为或技巧？策略对学习的影响是直接的还是间接的？策略是行为还是心理活动？针对学者们在学习策略研究中的一些不同看法，Ellis 认为有必要对学习策略的特点进行总结。之后，他列出了学习策略的八个主要特点（Ellis，1990：532）：

1. 策略既可以指一般的方法（general approaches），也可以指学习第二语言的具体的行动（specific actions）或者技巧（techniques）。

2. 策略是问题驱动的——学习者采用某种策略来解决学习中具体的问题。

3. 学习者一般能够意识到他们所使用的策略，如果被要求注意他们自己正在做或者想的事情时，他们能辨认出策略所包括的内容。

4. 策略涉及言语行为（例如要求告知一种事物的名称）和非言语行为（例如指着某一事物要求告知名称）。

5. 语言策略既可以由一语实现也可以由二语实现。

6. 有些策略是行为层面的，另一些则是心理层面的。前者可以被直接观察到，而后者不可以。

7. 大部分策略提供给学习者有关第二语言的信息进行处理，因此它们对语言的影响是间接的。但有一些策略会产生直接的影响，比如记忆策略。

8. 策略的使用会根据学习者任务的不同和个人偏好而产生差异。

从 Ellis 对学习策略特点的总结，可以明确下文分析中的一些关键问题，在文化语用能力的策略培养中，既可以包括整体性的培养文化语用能力的策略，也包括对文化学习中某一具体因素学习的技巧和方法；策略的实现既可以用一语也可以用二语，也就是说，只要是学习者能够掌握并运用的语言，都可以帮助策略的实现和完成；策略既可以是行为层面的，也可以是心理层面的，这为文化语用能力的培养策略研究的认知视角提供了依据；最后，策略的使用会因人而异，文化语用能力的培养，需要根据学习者的不同情况制定相应的学习策略。

而关于学习策略的分类和框架，学者们有着自己不同的分类方法。Rubin（1981）通过课堂观察、小组观察、学生自我报告和学生学习日志分析等方式，总结了直接学习策略和间接学习策略。她认为直接学习策略包括确认、监控、记忆、猜测/归纳推理、演绎推理和练习。间接策略则包括创造练习的机会和使用诸如交际策略的产出手段。

Naiman（1978）的学习策略包括主要类别和次属类别两个层面。主要类别包括了积极任务方法、语言作为系统的实现、语言作为交际和互动方法的实现、情感需求管理和第二语言运用的监控。他认为主要类别中的策略是所有受访的擅长语言学习的人都具备的，而次属类别则不是。

上述 Rubin 和 Naiman 的学习策略是总结善于学习语言者的学习特点，并不是所有第二语言学习者都适用的。Murray 和 Christison 认为，学习策略中最有效的框架来自于 O'Malley 和 Chamot 的学习策略框架（Murray & Christison，2011：183）。

在 O'Malley 和 Chamot（1990）的学习策略框架中，学习策略被分为三个部分：元认知策略（metacognitive strategy）、认知策略（cognitive strategy）和社交—情感策略（socio - affective strategy）。他们采用"自言自语式采访"（think - alound interview）方式，分别访谈把英语作为第二语言（简称 ESL）的初级、中级学习者，和把英语作为外语（简称 EFL）的学习者的学习策略，并在纵向研究 EFL 学习者针对不同语言任务的学习策略后发现，不同的学习者运用了不同的策略，一些是新出现的，另一些则是包括在他们已有的策略分类之中的。根据结果，他们进一步完善了最初的学习策略框架（O'malley & Chamot，1990）。

O'malley 和 Chamot 认为，元认知策略包括对学习过程的反思、学习的计划、对学习任务的监控和对所学的评价。又可具体分为计划、集中注意、选择注意、自我组织、自我监控、问题确定和自我评价。其中的计划策略具体包括预述学习任务的概念和原则、提出解决可能出现问题的策略、生成对解决可能问题的部分、顺序、主旨以及语言功能的计划；自我监控策略包括理解监控、产出监控、听觉监控、视觉监控、文体监控、策略监控、计划监控和再检测监控；自我评价又包括产出评价、运用评价、能力评价、策略评价和语言水平监控。

认知策略是和相关信息的互动，对材料的物质和精神层面的把握，针对学习任务运用某一特定技巧。包括重复、利用目标资源、归类、做笔记、归纳/演绎、替换、阐述、概括、翻译、推测和迁移。

社交—情感策略致力于帮助学习者发展和他人合作的技能，并创造积极的学习环境。主要包括提问以达到澄清的目的、合作、自我交谈和自我加强。

本文有关文化语用能力培养的策略研究，拟借鉴 O'Malley 和 Chamot 学习策略研究中的部分内容，并结合心理学和第二语言习得研究的内容，总结分析文化语用能力培养策略。

本节介绍了学习策略研究的缘起、定义、特点和分类，为文化语用能力培养策略的研究奠定了理论基础。在下一节，本文将结合第二语言习得和认知的相关研究，对文化语用能力培养策略进行分析。

6.2　二语学习者文化语用能力培养策略

本节有关文化语用能力培养策略的分析，首先需要明确如下内容：

首先，本文的文化语用能力的研究，是建立在第二语言习得研究和认知研究基础上的，因此，在文化语用能力培养策略的研究既要考虑到二语学习者在第二语言学习过程中的特点，又要考虑到整个认知过程对文化语用能力发展的影响。

其次，本文将文化语用能力作为研究重点，源于研究认识到文化语用能力和语用能力的发展紧密相关，而语用能力又是二语学习者在交际中正确、得体表达的关键。但这并不等于说，文化语用能力的作用被过分夸大，文化语用能力是语用能力研究的一个维度，文化语用能力需要和交际能力中其他部分共同协调，才能顺利完成交际功能，因此，在对文化语用能力的研究中，要把握这一原则。

第三，由于文化所具有的隐蔽性，文化多通过语言的层面得以体现。因此，在文化语用能力的培养中，不可忽视的是语言能力的培养。两者紧密相关。如果只具备语言能力，而不具备文化语用能力，可能会导致交流不得体或失败；而文化语用能力没有语言能力的协调发展，其培养也是不现实的。

第四，由于很多国家是多民族的国家，不同国家的历史和文化是不同民族文化的集合，除了主流文化，还有根据时代、地域等划分的亚文化。本文所指文化主要是指目前在某一特定文化中被大多数人认同的文化共核的部分。

第五，Murray 和 Christison 指出，任何单一的策略都不是灵丹妙药（panacea），尤其是在教学环境中，许多策略的共同运用才是学习者成功的保证。O'malley 和 Chamot 认为，关于第二语言习得的成功理论，必须是能描述知识是如何储存在记忆中的，描述第二语言习得过程是如何促使自动的语言理解和产生的。桂诗春说，“把语言学习放在认知科学的框架内来考察，就会发现它在本质上是一个信息处理的过程”（桂诗春，1992）。本文认为文化语用能力的培养策略是从二语习得和认知视角出发的综合策略，共同作用于同一目标。

第六，本文认为文化语用能力的培养策略，既包括二语学习者自身的培养策略，也包括教师对二语学习者水平的监控和教学策略的辅助。

因此，结合前文对文化语用能力的分析和学习策略研究的相关内容，本文按照文化语用能力认知模式中阶段的划分，拟将文化语用能力的培养策略分为输入阶段的文化语用能力培养策略、储存阶段的文化语用能力培养策略和输出阶段的文化语用能力培养策略。在每个阶段中，又参考了 O'Malley 和 Chamot 的学习策略框架，分为元认知策略、认知策略和社交—情感策略。

6.2.1　输入阶段的文化语用能力培养策略

在文化语用能力认知模型的讨论中，本文认为文化信息首先要经历感知—注意的过程。但人们不可能对所有来自外部的文化信息刺激全部感知和注意。因此，如何使文化信息的输入成功被人们所感知、注意，并进入储存和记忆的环节，是策略研究中的重要内容之一。本文参考了O'Malley 和 Chamot 的学习策略框架，认为在输入阶段，文化语用能力的培养策略要从三个方面入手，分别是元认知策略、认知策略和社交—情感策略。

O'Malley 和 Chamot 的元认知策略，其理论来源是美国儿童心理学家 Flavell（1989）在研究儿童记忆发展的过程中提出的。Flavell 在研究中发现，当儿童逐渐成长时，他们发展了能够运用策略的能力，如主动地训练、有意识地重复他们想要记住的信息，进行归类，并且之后能够进行阐述。在某种程度上，儿童能够意识到他们自己的记忆过程并且开始自主地控制。有时候，他们的一些认知活动是自动完成的。比如，当他们被要求记忆一列词的时候，他们可能按照自己的归类范畴进行重复而不自知。但当记忆任务更加复杂的时候，他们会开始有意识地使用一些策略。Flavell 认为，他们使用了一种叫元认知的策略。因此，他把元认知定义为“认识主体关于自己认知过程、认知结果及其相关活动的知识，其中包括对当前正在发生的认知过程（动态）和自我认知能力（静态）以及两者相互作用的认知，也包括对这些过程的积极监测和调控”（转引自吴红云，2006：6）。O'Malley 和 Chamot 借鉴了元认知的概念，把元认知策略定义为对学习过程的反思、学习的计划、对学习任务的监控和对所学的评价。可见，元认知活动是一种认知和心理活动，这一特殊的活动是专门针对学习者自己的活动，它是学习者对自身的反思和反省，对自己认识活动的了解、分析、监控和调整活动。因此，元认知活动既是一种包括静态的“认识的认识”的活动，又是一种动态的

"认知的调整"。

6.2.1.1　输入阶段的元认知策略

就二语学习者文化语用能力的培养而言，输入阶段的元认知策略应该包括以下几个部分：

首先，对文化语用能力重要性的确认。目前，二语学习者越来越注重自身语用能力的培养。通过前文分析，文化语用能力在交际过程中发挥着一定的作用。本文对文化语用能力的定义是指了解母语文化相关知识和因素的能力、了解非母语文化相关知识和因素的能力、了解文化间差异的知识和因素的能力以及如何根据交际的需要，对所有文化知识进行适当的调节、调用和匹配的能力。由于文化语用能力多通过言语层面表达，而且，文化知识的感知、注意和存储涉及了认知和心理的过程，因此，文化语用能力的发展和语言能力的发展有着密切的关系。此外，语言的文化渗透是全方位的，无论是文化的共时系统和历时系统中，都有语言的存在。因此，在输入阶段，重要的因素之一是要明确文化语用能力的重要作用及其发挥作用的主要方式。

其次，二语学习者需要了解自己对母语文化的掌握程度和对二语文化的掌握程度。文化语用能力作用的发挥需要调用、匹配相关的文化知识和因素，这些文化知识包括一个民族和文化中的物质文化、精神文化、制度文化等多个层面。由于历史文化背景和生活环境等的不同，不同民族和文化背景的人在价值观、态度、思维方式和行为等方面会存在着差异。二语学习者在母语的语言习得中，也在一定程度上习得和学习了母语文化。只有他们对自己的母语文化水平有一定的认识和了解，才有可能在输入过程中感知和注意到什么是自己文化知识系统中已知的、相关的或是需要的，才有可能有目的地进行感知和注意。同样，也只有他们了解自己对二语文化知识的掌握程度，才能有效地监控输入的过程，并完成知识的储存功能。根据 Cummins 提出的双语发展依存学说，第二语言能力发展与母语能力发展存在依存关系，这种对母语的依赖尤其在第二语言发展的开始阶段表现得较为明显。而且，大量接触第二语言对第一语言的能力不会有负面影响。因此，高水平的第一语言能力是同高水平的第二语言能力相联系的（转引自余强，2005）。由于文化很多情况下是蕴含于语言之中的，因此，能否假设第一语言的文化语用能力和第二语言的文化语用能力也是正相关的关系，并且，它们之间是相互依存的。

第三，Ellis 在对学习策略的特点进行总结时，认为策略的使用会根据学习者任务的不同和个人偏好而产生差异，因此输入阶段元认知策略还应该包括学习者对自身输入接受程度的了解情况。例如，自己所能接受的输入方式、信息程度、感知和注意的把握，以及适合自己的策略方法，并能根据实际情况进行监控和调整。不同的二语学习者可能适应不同的输入方式，比如文本、视听或者几种方式组合而成的多模态。哪种方式是二语学习者最能感知和注意的输入方式，是需要二语学习者在输入阶段的元认知策略中有所把握的。

Krashen 假定学习者当前的学习状态为 i，把下一阶段的状态定义为 i+1，他认为如果学习者接触的语言输入要对习得有用，就必须在 i+1 的水平。这是一个比较理想的状态，而每个二语学习者 i+1 的输入是因人而异的。在二语学习者对自己自身水平、接受方式、选择手段有一定认识的基础上，输入才有可能更加有效。此阶段的元认知策略还包括二语学习者在文化学习过程中，目标和计划的确定。随着动态的输入过程，二语学习者可以对输入的进展、输入的质量进行评价和监控，并适时调整。

根据 Flevell（1989）的分析，当二语学习者在文化的学习中形成了元认知策略后，他们元认知的发展会经历一个从无意识到有意识的过程，从最初毫无元认知的认识和策略，慢慢转向有意识的自我觉察、控制和监控。最后，随着元认知策略的不断发展，这种自我评判、自我监控和自我调整会变得越来越成熟，逐步达到一个类似于自动化的过程。

本文认为，输入阶段的元认知策略，由于二语学习者水平的不同，可能在元认知策略的把握上会出现不同的问题。也就是说，在初级阶段，元认知策略是需要教师帮助学习者来进行评估、检测并实现的。

6.2.1.2　输入阶段的认知策略

Rubin（1987）认为认知策略是那些解决问题的步骤和操作。这些步骤和操作需要把学习材料进行直接分析、转化或合成。

O'Malley 和 Chamot 认为，认知策略更侧重于某项活动中任务的具体实施，即直接作用于输入信息，并对信息进行处理。而且，他们认为，元认知策略是位于认知策略层面之上的，它们之间是相互影响和作用的。它们之间的区别在于，从内容上看，元认知策略是计划、监控、评估和调整学习过程的活动，通常元认知策略并不涉及具体的学习材料；认知策略则是针对某一具体学习材料和学习内容的活动。从功能来看，元认知策略保证了认知过程的有效性，而认知策略是保证认知过程的不断进展和知识的不断增长。在感知—注意的输入阶段，文化语用能力培养的具体策略可以包括如下内容：

多次、重复输入可以增加文化知识被感知和注意的机会。通过前文的文化语用能力调查问卷发现，不论是母语文化还是二语文化，那些和学习者密切相关的部分是最容易被感知和注意的。比如，有关中、英姓名的不同，不管是汉语的二语学习者还是英语的二语学习者，这一部分都获得了较高的正确率。这在一定程度上说明，和二语学习者生活、学习密切相关的内容，重复输入的概率较高，也容易增加被感知和注意的机会。但同时存在的问题是，二语学习者在取得高正确率，习得和学习了对应的文化因素并成功被文化语用能力调用和匹配时，不一定是对语言背后蕴含的文化有了深入的了解。因此，本文认为，重复输入只是文化知识的粗加工过程，要想真正获得文化语用能力的发展，还需要一个精细阐释加工过程。

所谓的精细阐释加工，是对文化信息的精加工。不但知其然还要知其所以然。例如在中国二语学习者文化语用能力的调查问卷中，出现的问题：

第 7 题：你认为在西方下面哪个数字不吉利？

A. 11　　B. 12　　C. 13　　D. 我不确定

在感知—注意过程中，粗加工的认知策略可以是反复在认知系统中输入信息："13 在西方是不吉利的数字"。而精细阐释加工则涉及了西方的主要宗教信仰，和与之相关的历史典故，从而二语学习者可以了解其背后的文化。同样的在外国留学生的问卷中，出现了这样的问题：

第 2 题：John marries a Chinese. His wife's mum is called Wu Yu. What is the appropriate way that he calls his wife's mum?

A. Wu Yu　　B. Mum　　C. I'm not sure.

此题留学生组的平均正确率只有 59%。有相当大的一部分留学生选择了直呼其名的方式。在认知策略中，针对称谓的问题，文化的粗加工过程可能需要通过反复输入相关信息来提示二语学习者——在中国文化中，通过婚姻关系建立起和某人或某个家庭的联系后，需要采用其配偶称呼亲属的方式。而这解决的仅仅是文化的表层语言表现问题。在学习中，更应关注其背后的深层文化：首先，中国的传统等级制度，对于帝王或者尊亲是不能直呼其名的，非要称呼或写出时，也要以种种方式进行规避和替换。也就是说，中国的传统文化一般是不会直呼长辈姓名的；其次，尤其是汉民族，非常重视亲属关系，汪大昌以西周时代的《尔雅》为例，发现其中的亲属称谓多达 95 个，并且它们所表达的亲属关系今天大多还存在。正如他所言，语言和文化是具有继承性的，汉民族中对亲属关系的重视是古代汉民族重视亲属关系的社会文化的延续（汪大昌，2009：155），而这些文化的延续又通过语言的形式反映出来。这种方式比简单的粗加工更加注重文化信息的输入，可以看作对文化信息的一种精细阐释加工。

在调查问卷中，还有这样一个问题，"你觉得英语中的 'fate' 和汉语中的‘命’是对应的么?”在所有的被调查者中，有57%的认为是一样的，也有43%的人认为是不同的。通过第五章中民族志语用学视角的解读，确实发现由于文化背景的不同，两者之间存在着差别。并且，正如Ellis在对学习策略特点的总结中提到的，语言策略既可以由一语实现也可以由二语实现，本文认为，策略的实现还可以通过元语言的方式实现。而民族志语用学视角对文化语用能力的研究，提供了解读的全新视角，便于从文化内部对文化因素进行解读，更符合精细阐释加工的要求。

6.2.1.3 输入阶段的社交—情感策略

人类学家Oberg在1958年提出了“文化休克”（culture shock）的概念，特指当人们初次进入一个异文化语境之后所出现的各种生理上、心理上的不适应，并且他把文化休克的发展分为四个阶段（转引自陈全生，2005：413）。Hofstede认为，文化休克是由于外来者原有的文化存在被打破，类似于回归至婴儿的心理状态，即使是最简单的东西也要从头学起。由此而使外来者产生焦虑、无助，甚至敌对新环境的状态（Hofstede，2010）。Ward等学者后来分析说，Oberg的概念有种对有害环境（noxious circumstances）的消极被动的反映。他们更愿意把文化休克看作是人们对不熟悉的文化环境的积极应对变化的反映。他们还认为，很多变量会影响到个体对异文化的反映，比如文化的互动发生在哪儿（本国，他国或者共享的区域）、互动的目的、参与的方式、互动的频率、双方的熟悉程度、双方的区别特征等等（Ward & Bochner & Furnham，2001）。

二语学习者文化语用能力的培养中，文化的学习是文化语用能力发挥作用的关键。文化的学习既包括对母语文化的学习，又包括对二语文化的学习。从文化学习的环境看，既包括在目的语文化内的学习，还包括在母语文化内对目的语文化的学习；从文化学习的形式看，既有从语言层面对文化的学习，又包括非语言层面的文化学习。这些学习的内容、环境、层面、方式等都可能对二语学习者的学习态度和积极性产生一定的影响。因此，在输入阶段的学习者应该对将要学习文化因素抱着积极接受的态度，充分考虑到上述因素可能对文化学习产生的影响，尽量避免焦虑情绪。

6.2.2 储存阶段的文化语用能力培养策略

在文化语用能力认知模型中，被感知和注意的文化输入进入可理解的文化输入阶段，一语和二语的文化信息在此阶段都需要一个同化和顺化的过程，之后信息进入记忆和储存，为文化语用能力的调用和激活做准备。记忆是人类众多感知活动的心理基础。因为人类拥有记忆，才有可能进行有目的的感知和注意，运用思维，并进行交际活动。没有记忆环节，则无法实现知识系统的习得和学习。因此，有关文化信息的储存，即记忆问题，是文化语用能力培养中的关键环节，在此阶段，同样有着元认知、认知和社交—情感三个层面的策略。

6.2.2.1 储存阶段的元认知策略

首先，二语学习者需要对自身记忆的特点和特征有比较清楚的认识，确定记忆的目标和方式，对记忆情况进行监控，评价记忆的效果并适当进行调整。

对于二语学习者来说，年龄、个体的差异等因素都会对记忆的结果产生直接的影响。并且，记忆中存在无意识的识记和有意识的识记。在日常生活中，无意识的识记随处可见，比如一些事件的情景、电影中感人的情节，甚至是偶遇的陌生人的面孔。但在文化的学习中，我们更强调的是有意识的识记。需要在记忆阶段，明确记忆的任务，了解记忆的过程和顺序，并制定适合的记忆策略。

而且，由于记忆和储存阶段，文化知识在大脑中有相关的同化和顺化的过程，这是新旧知识的重组过程，形成的是“文化假设信息”，需要在之后的输出过程进行后得到验证或者修正。因此，在元认知策略中，应该对此步骤有充分的考虑。

6.2.2.2 储存阶段的认知策略

在文化的储存阶段，本文认为涉及了以下具体策略：注意文化间知识共性和个性的把握、文化信息的粗加工和文化信息的精细加工。

首先，储存阶段需要文化知识的重组。二语学习者存在于记忆中的文化因素，需要和新输入的文化知识通过同化、顺化的过程，形成新的知识网络。这需要二语学习者把握文化间的共性和差异。

文化间的共性是指某一种文化的特点是共性远远大于个性的，而不是没有任何差异。共性是不同民族文化背景的人进行交际的基础，而文化间的差异则体现了不同民族和文化的特点。研究发现，不同文化中存在差异较大的文化信息，是比较容易被注意并且习得的。反而是存在一定共性，又存在细微差别的部分才是较难注意和习得的。比如，在前文的问卷调查中，出现了对“龙”这一词汇的文化内涵的考查。正因为“龙”是中国文化中具有特定文化内涵，是和西方文化中的形象和含义存在较大差别的文化词语，所以更容易被二语学习者习得。但在问卷中，同样是存在一定差异，但在一定程度上出现错位的信息，正确率较低。如对“green - eyed”的理解，正确率非常低。这需要在储存阶段，不但注重文化间存在较大差异的部分，更有注重差异较小，甚至共性的部分，才能保证同化和顺化的顺利进行。

其次，陈光磊在分析赵贤州对文化的划分方法后，认为融合于语言并表现于语言的文化内容应该从三个方面进行考查：与语言结构相关的文化，指从篇章、句子、词组中所体现的文化特点，称为“语构文化”；第二方面是与语义有关的文化，即蕴含在语义系统中的文化内容文化精神，称为“语义文化”。包括因社会文化背景不同而产生的无法对译的词语，层面意义有差别的词语，或者产生词语褒贬的不同、含有民族特殊文化传统信息的词语、成语典故和名言名句等，词语中反映的习俗文化信息和有特定文化背景意义的词语；第三方面是与语用相关的文化，即语言使用的文化规约，或称为“语用文化”。包括由于社会文化背景不同而产生的词语使用场合的差异，或者产生的潜在观念的差异。本文认为，陈教授的分类方法，有助于学习者在文化的学习中，根据不同的方法采取不同的学习策略，但我们也承认，不同层次之间仍存在一定的交叉。文化因素在认知系统中的存在方式包括图式、框架、脚本和文化模型的方式。在记忆的过程中，同输入阶段相同，也存在粗加工和精细加工的过程。

通过输入阶段的加工，存储阶段的文化信息形成了图式、框架、脚本和文化模型等形式，便于大脑进行信息的储存和处理。图式在大脑中形成一种知识表征，当新的信息输入后，输入的信息和图式中的信息出现了吻合，即图式重合，有助于人们的理解。但在文化的学习过程中，很可能出现新的图式和原有图式不能完全吻合的情况，比如，图式之间出现了冲突的部分，像前文提到的关于“龙”所具有的特定的文化传统；或者图式出现了错位，比如在调查问卷中有关“嫉妒、眼红”的表达不是“red - eyed”而是“green - eyed”；或者图式的空缺，在原有的文化图式中没有和其他文化图式中对应的部分，比如“伞”和“钟”在留学生头脑中的文化图式中没有表示“散”和“终”的意思。如果出现了这些图式冲突、图式错位或者图式空缺，则需要把新的文化知识和已有的文化知识组成了新的知识表征形式，即新的图式，并且被储存和记忆，而这个过程是一个粗加工的过程。

本文认为，图式的粗加工虽然有助于新的图式的建立和在记忆中的存储，但图式的精细加工更有利于从根源上认知、学习文化，有利于发现图式中的不同。这种不同的发现并不是为了证明图式与图式之间没有完全的重合，而是为了发现细微的差别，有助于输出时做出更精细的选择。前文提出框架是图式的发展，是能够详细对知识进行表征的手法，那么图式的精细化，也会使框架更加精细化。而且，虽然朴素的文化模型只要能帮助人们做出正确的预测，辅助交际成功，就可以作为有效的文化模型，但这不等于说，人们在交际中只需要朴素模型而没有必要发展专家模型。文化模型的基础是一个社会或者社会团体的集体经验，对于社会、团体或者文化内部人，或者母语者来说，朴素模型更易习得。但对二语学习者来说，可能更大程度地对朴素模型进行精细加工并逐步朝专家模型的方向发展，更有利于文化外的人习得和掌握。并且，运用民族志语用学的方法对模型进行精细加工，由于文化脚本做到了尽量的“去民族化”，用元语言的形式对文化深层结构进行描述，不容易出现循环描述等情况，对认知和记忆还是有一定帮助作用的。本文认为民族志语用学视角对文化的分析，用建立文化脚本的方式，适合于对语义文化和语用文化中的一些文化信息进行精细加工的解读，更有助于知其然并知其所以然的文化深层解读。

6.2.2.3　储存阶段的社交—情感策略

从教师的角度看，新信息的储存阶段需要充分考虑到二语学习者的实际情况，根据实用性、适度性和阶段性的原则，把语言信息和文化信息相结合，选择难易适中的材料，考虑到二语学习者认知水平、接受能力、原文化背景等相关情况，从相对较为简单和具体的文化内容，逐步过渡到复杂和深层文化，使二语学习者能够学有所获，从而提高其学习的兴趣和克服教学中困难的信心。而二语学习者自身也应在多观察、多实践的基础上，尽量通过讲解、注释、融合等多种方式接触和学习二语文化。

6.2.3　输出阶段的文化语用能力培养策略

在二语习得的理论研究中，出现过 Krashen 的输入假设、Swain 的输出假设和 Long 的互动假设。在 Krashen 的输入假设中，他更加强调输入的重要作用，认为可理解的输入是获得知识的方式，认为输入的数量和质量是决定二语习得水平的重要因素，而输出只是输入的一个副产品而已。而 Swain 更强调了输出的重要作用，她强调可理解的输出（comprehensible output）的重要性，她认为可理解的输出是独立于可理解的输入之外的非常必要的习得机制。语言输入虽然是习得的必要条件，但光有语言输入是不充分的。她认为输出在检验语言使用的流利性、准确性、检验人们有关目标语的假设、培养语言意识和元语言的反思功能等方面都发挥着重要的作用。Long 的互动假说认为，本族语者在和外语学习者互动的过程中调整了自己的语言，而这些调整是本族语者对外语学习者输出感知的直接结果，因此，学习者的输出触动了有效的调整（或者说学习者输出触动了他人更有效的输入）。互动假说强调了调整输出的重要作用。本文认同 Swain 和 Long 对输出重要作用的观点，认为输出是检验文化语用能力发展水平，并监控协调有效输入的重要方面。

6.2.3.1 输出阶段的元认知策略

由于输出具有检验文化语用能力水平、检验语用信息输入效果、监控输入调整等作用，因此，在输入阶段的元认知策略包括如下内容：

首先，认识到输出的重要作用并尽量创造机会进行输出。输出的过程是检验文化语用能力的重要环节，在输出过程中发现的问题可以使学习者进行反馈，发现问题，及时提高，对文化语用能力的发展有重要作用。因此，二语学习者在此阶段要重视输出的重要作用。

第二，监控意识的确立。输入具有一定的检验功能，二语学习者在文化的学习过程中，会对文化信息做出自己的假设和判断，并根据输出结果反馈不断调整自己的输入，最后达到对文化知识不断充实，激活文化语用能力自由运用的水平。

6.2.3.2 输出阶段的认知策略

在输出阶段，交际刺激激活了文化语用能力，文化语用能力调用和匹配相关文化知识和信息，并同其他能力相协调进行输出。通过输出的结果，二语学习者可以得到关于输出的反馈。如果输出反馈是正面反馈，正是二语学习者想要的结果。但如果得到的是负面反馈，说明二语学习者在产出的过程中出现了问题，问题可能存在于词汇、形态、句法等方面，也有可能存在于文化的层面。二语学习者首先应当确定负面反馈出现问题的原因和方面，将注意力分配到存在问题的输出上。之后，需要对偏误进行反馈和纠正，形成新的有关文化信息的假设，之后经过同样的过程进行输出监控，直到结果正确。输出阶段的认知策略包括纠正策略和解释策略。

修正策略的运用。当文化信息出现了偏误，文化语用能力虽然被激活，但输出的内容却出现了偏误。而且，文化信息的不恰当使用和语言的不恰当相比，还存在着一定的差别。对于二语学习者来说，他们所犯的有关语言的偏误可能更容易被本族语者所谅解，但他们所犯的有关文化的偏误，却很难让人原谅的。而文化产生偏误，在一定程度上是由于学习者对本族文化和目的语文化中的一些信息认识不清，从而导致输出的偏误，并阻碍了文化语用能力的发展。那么，当输入出现偏误之后，应该如何修正？由谁来修正？采用什么样的方式进行修正，才能提高学习者文化语用能力的水平，才能使修正后不再犯同样的输出偏误？本文认为，可以由二语学习者进行自我修正，也可以由其同伴进行同伴修正，或者由老师进行教师修正。具体可以采取明确直接式的修正、引导式的修正等具体策略。

6.2.3.3　输出阶段的社交—情感策略

输出阶段的社交—情感策略也是十分必要的。尤其在输出结果出现偏误后，二语学习者要对文化的学习抱有信心，尽量降低焦虑感，避免对所学文化的逆反心理。教师也要对学习者进行鼓励，通过多种解释、重复、降低难度等方式增强他们学习的信心。并鼓励他们通过自我修正、同伴修正或者教师修正的方式重新进行输入和调整，不断提高自己的文化语用能力。

6.3 小　结

本章在学习策略相关研究的理论基础上，对二语学习者文化语用能力的培养策略进行了分析。根据文化语用能力认知研究，本文将二语学习者文化语用能力的培养策略分为输入阶段的文化语用能力培养策略、储存阶段的文化语用能力培养策略和输出阶段的文化语用能力培养策略。在每个阶段，又具体分为元认知策略、认知策略和社交—情感策略，并进行了具体的分析。本文认为，各种策略的使用，其目的是二语学习者文化语用能力的培养。但由于学习者自身差异、学习水平的差异、接受程度的限制等原因，不是所有的策略都适合所有的学习者。二语学习者还需要根据自身情况，适当进行调整。而教师也应对学生的情况有所了解，进行一定的协调、监督和调整，目的是二语学习者文化语用能力的培养和发展，并作用于具体交际。

第7章　结　语

7.1　本文主要工作

论文回顾了研究者从不同角度对语用能力的研究成果，他们普遍认同的观点包括：语用能力是中介语语用学中第二语言习得研究中的重要内容之一；学习者语用能力的高低直接影响着交际是否能顺利进行；能力虽不可教，语用能力确实可以通过有计划的课堂活动得以系统发展；语用能力中对文化知识的掌握情况，会影响语用能力的发挥，但尚未有研究就语用能力中的文化部分进行多视角的分析和阐释。

本文立足于语用能力的研究，提出了文化语用能力的研究，并结合文化学、认知语言学、二语习得和民族志语用学相关研究，对文化语用能力进行了多视角、多层面的分析与阐释。主要完成了如下工作：第一，本文明确了文化语用能力在本文中的研究，对其在本文的定义、特点进行阐述并用调查问卷的形式加以验证；第二，建立了文化语用能力认知模型并解读，分析文化语用能力在文化知识感知、注意、记忆、调用和匹配、输出过程中的作用，以实现辅助交际成功的目的；第三，从民族志语用学的视角对文化词语和言语行为进行深层文化解读，为认知中图式、框架、脚本和文化模型的建立提供一种新的视角。

在第一项工作中，本文首先结合前人研究，明确了文化语用能力在本研究中的定义。文化语用能力在本文中包含两层含义：首先，它是一种内化的能力，这种能力的存在使得学习者不但能习得和学习母语文化相关知识，还使他们能够习得和学习非母语的文化知识，并且可以实现不同文化知识通过认知系统的同化、顺化作用，不断达到平衡并发展；其次，文化语用能力又是一种对知识使用的能力。在交际需要的刺激下，文化语用能力得到激活，能够调用、匹配恰当的文化因素，进行输出。并且，在输出得到负面反馈后，文化语用能力的存在使文化知识修正和再加工得以实现。在明确定义的基础上，本文阐述了文化语用能力的特点，包括社会性、民族性、动态性、顺应性、模因性等特征。并通过对二语学习者问卷调查的方式，从语法、语义和语用三个层面，对在其中发挥作用的文化语用能力进行验证分析。通过数据分析发现，文化语用能力与语言能力的发展虽然不完全同步，但在一定程度上呈现正相关的关系；二语学习者学习语言时间的长短会对文化语用能力的水平有一定影响；隐含于不同层面的文化知识和因素，在文化语用能力发展过程中被习得和学习的速度和程度会存在着一定的差异。

针对第二项工作，本文建立了文化语用能力认知模型，并对文化语用能力发挥作用的全过程进行了解读。包括文化因素如何在认知中感知和注意，如何形成可理解的文化输入，如何经过吸收阶段的同化和顺化过程形成记忆并储存，文化语用能力的存在如何使得整个过程顺利完成。之后，文化语用能力在经过交际信号刺激被激活后，又调用和匹配相应的文化因素进行输出。如果输出出现负面反馈，文化语用能力的存在使得修正过程得以实现。并且整个过程中遵循了全信息的原则。在此项工作中，研究认为，文化信息在记忆中的存储方式包括图式、框架、脚本和文化模型。图式是典型事件和情景在大脑中的反映，框架是较图式更为情境化和系统化的认知存储，当框架内范畴形成顺序视角来看待时，则形成了文化脚本。而文化模型是一个社团或者亚社团的所有人的共同认知模型。并且，本文认为各种储存方式的形成都存在对文化信息的粗加工和精细加工过程。依据交际目的和要求的不同，二语学习者可以根据需要进行恰当的输出。对文化信息进行精细加工并形成相应的图式、框架、脚本和文化模型，对二语学习者来说，不但是有必要的，也是有帮助的。这可以使他们对非母语文化中受深层价值观影响的言语行为和非言语行为有更清晰的理解。这也为之后从民族志语用学视角对文化进行深层解读，建立精细脚本奠定了基础。

在第三项工作中，本文认为，民族志语用学为文化语用能力的研究提供了新的视角。在日常交际中，不同文化背景的人通过学习其他民族的文化知识，虽然能完成诸如使用词汇、日常交际等言语行为，却较难识别该文化中深层的文化模式和价值观，并有可能导致认知中存储的有关文化的图式、框架、脚本和文化模型的不精细。当文化语用能力需要时，无法准确调用和匹配相关文化信息。因此，研究提出了从民族志语用学的视角对文化及受文化影响的词语和言语行为进行深层解读。本文分别以具体文化词语和言语行为为例，进行民族志视角的解读。可以发现，这种尽量“去民族化”的解读方式，对于建立较客观、中立的认知图式、框架和脚本具有帮助作用，对文化语用能力的发展也有一定的辅助作用。

7.2 本研究今后努力的方向

由于文化语用能力的研究涉及了语用学、第二语言习得、认知语言学等多个学科相关理论的研究和假设，目前的研究仍需在现有的基础上进一步深入。文化语用能力的研究是在 Bachman 交际能力框架的基础上进行的，在交际能力中，包括了很多种不同的能力，文化语用能力和其他相关能力之间的关系是什么？它们的互动如何实现了交际成功？如何从认知和心理层面体现出这种复合能力的作用？这些都是未来继续研究和补充的内容。

其次，研究中采用了调查问卷的方式对二语学习者的文化语用能力进行验证说明。但由于实验材料、内容和样本大小的限制，研究无法证明是否文化语用能力提高的过程中，也存在类似于语言学习中的石化现象。这是今后可以继续深入研究的问题。

第三，从民族志语用学视角对文化语用能力的研究，仅从文化词语和言语行为两个层面进行了尝试性研究，能否从民族志语用学的视角，结合更多言语行为为例，进行系统化的、有关民族文化深层价值观的探索和研究，并进行多民族、文化的对比分析，是今后研究中值得尝试的方向。

第四，研究中提出的文化语用能力培养策略，在实际的学习和教学过程中会有新的发现和启示，应在文化语用能力培养的实际教学实践过程中，不断进行修正和补充，促进文化语用能力的发展。

参考文献

[1] 安德森，J. R. 认知心理学［M］. 杨清，张述祖等译. 长春：吉林教育出版社，1989.

[2] 安华林. 元语言理论的形成和语言学的元语言观［J］. 内蒙古社会科学（汉文版），2005（1）：104－108.

[3] 安华林. 汉语释义元语言：理论与应用研究［M］. 上海：学林出版社，2009.

[4] 白奚. 对中国传统文化的缺陷的反思（下）［J］. 首都师范大学学报（社会科学版），1997（1）：19－24.

[5] 白玄. 近代欧洲哲学的始祖—笛卡尔［M］. 北京：中央文献出版社，2000.

[6] 曹文. 英语文化教学的两个层次［J］. 外语教学与研究，1998（3）：10－15.

[7] 曹贤文. 应用语言学实证研究方法与量化数据分析—对外汉语教学研究视角［M］. 北京：世界图书出版社，2013.

[8] 陈斌蓉，彭金定. 论弱接口说与中国学生英语语用能力的培养［J］. 中国外语，2008（4）：87－90.

[9] 陈冰冰. 高校英语文化教学及其变量研究［J］. 西安外国语学院学报，2004（9）：21－25.

[10] 陈光磊. 从“文化测试”说到“文化大纲”[J]. 世界汉语教学, 1994 (1): 25 -27.

[11] 陈光磊. 关于对外汉语课中的文化教学问题 [J]. 语言文字应用, 1997 (1): 23 -26.

[12] 陈乐民. 莱布尼茨读本 [M]. 南京: 江苏教育出版社, 2005.

[13] 陈宁. 中国古代命运观的现代诠释 [M]. 沈阳: 辽宁教育出版社, 1999.

[14] 陈全生. 文化休克的实质及其对策——谈如何解决来华留学生的“文化休克”问题. 王德春主编, 对外汉语论丛 (第四集) [C]. 上海: 学林出版社, 2005.

[15] 陈新仁. 新编语用学教程 [M]. 北京: 外语教学与研究出版社, 2009.

[16] 陈新仁. 语用学与外语教学 [M]. 北京: 外语教学与研究出版社, 2011.

[17] 陈永明, 罗永东. 现代认知心理学——人的信息加工 [M]. 北京: 团结出版社, 1989.

[18] 陈泳涵. 魏晋南北朝至今汉语对话体文学作品中道歉语演变研究 [D]. 广州: 暨南大学, 2011.

[19] 戴维斯, M. W. & 皮埃罗. 视读人类学 [M]. 张丽红译. 合肥: 安徽文艺出版社, 2007.

[20] 戴炜栋, 杨仙菊. 第二语言语用习得的课堂教学模式 [J]. 外语界. 2005a (1): 2 -8.

[21] 戴炜栋, 陈莉萍. 影响二语语用能力发展的因素 [J]. 外语与外语教学. 2005b (9): 1 -5.

[22] 董晓红. 对不同阶段英语专业学生语用能力的调查与分析 [J]. 外语教学. 1994 (3): 91 -95.

[23] 都建颖. 第二语言习得理论入门 [M]. 武汉：华中科技大学出版社，2013.

[24] 方汉文. 比较文化学 [M]. 桂林：广西师范大学出版社，2003.

[25] 方瑞芬，朱跃，戴俊霞. 汉英语用对比研究 [M]. 合肥：合肥工业大学出版社，2008.

[26] 方秀才. 外语语用测试：问题与对策 [J]. 外语测试与教学，2012 (2)：43 – 50.

[27] 冯晓虎. 莱布尼茨的语言思想 [J]. 外国语. 2011 (5)：67 – 76.

[28] 弗莱维尔. 认知发展 [M]. 洪戈力，欧阳昱译. 武昌：华中师范大学出版社，1989.

[29] 弗里德里希. 温格瑞尔，汉斯 – 尤格. 施密特认知语言学导论（第二版）[M]. 彭利贞，许国萍，赵微译. 上海：复旦大学出版社，2005.

[30] 甘文平. 中国大学师生英语语用能力的调查与分析——兼评《大学英语听力》教材修订版 [J]. 西安外国语学院学报，2001 (1)：73 – 76.

[31] 高伟. 自然语义元语言对汉语“好”和英语“Good”的语料库研究 [D]. 广州：暨南大学，2008.

[32] 高一虹. 语言能力与语用能力的联系——中国、拉美学生在英语字谜游戏中的交际策略对比 [J]. 现代外语. 1992 (2)：1 – 10.

[33] 苟方方. 中美道歉言语行为的跨文化研究 [D]. 成都：成都理工大学，2008.

[34] 辜堪生. 中国传统文化概论 [M]. 成都：西南财经大学出版社，2008.

[35] 关永礼. 中国姓氏文化 [M]. 南昌：江西出版集团，2009.

[36] 桂诗春. 认知与外语学习 [J]. 外语教学与研究，1992 (4)：1-9.

[37] 郭海儒. 注意的生成机制与视觉注意计算模型研究 [D]. 北京：北京邮电大学，2012.

[38] 郭敏. 汉语道歉策略的性别差异研究 [D]. 成都：西南交通大学，2005.

[39] 郝晓梅. 对汉语抱歉语“对不起”的语用分析 [J]. 北京化工大学学报（社会科学版），2005 (2)：51-55.

[40] 何自然，阎庄. 中国学生在英语交际中的语用失误——汉英语差异调查 [J]. 外语教学与研究，1986 (3)：52-57.

[41] 何自然. 语用学概论 [M]. 长沙：湖南教育出版社，2002.

[42] 何自然，张巨文. 外语教学中的语用路向探索 [J]. 山东外语教学，2003 (4)：3-8.

[43] 洪岗. 英语语用能力调查及其对外语教学的启示 [J]. 外语教学与研究，1991 (4)：56-60.

[44] 洪岗. 跨文化语用学研究中的对等问题 [J]. 外国语，2001 (2)：42-48.

[45] 洪岗. 跨文化语用学语料收集方法研究 [M]. 北京：外语教学与研究出版社，2005a.

[46] 洪岗. 语际语语用学研究 [J]. 杭州教育学院学报，2005b (5)：1-7.

[47] 洪溪珧. 道歉语的跨文化研究 [J]. 湖南医科大学学报（社会科学版），2008 (3)：167-169.

[48] 侯敏. 计算语言学与汉语自动分析 [M]. 北京：北京广播学院出版社，1999.

[49] 侯敏. 中国传媒大学国家语言资源监测与研究有声媒体中心媒体语言语料库 http：//ling.cuc.edu.cn/RawPub/ [DB/OL]. 2008/

2015-2-20.

[50] 胡美馨. 礼貌策略语用意识培养在综合英语教材中的实现——兼评《新编英语教程》(修订版)[J]. 浙江师范大学学报(社会科学版), 2006 (3): 69-73.

[51] 胡美馨. 言语行为语用意识培养在综合英语教材中的实现[J]. 外语研究, 2007 (4): 65-69.

[52] 胡明杨. 西方语言学名著选读 [M]. 北京: 中国人民大学出版社, 1988.

[53] 胡文仲. 文化与交际 [M]. 北京: 外语教学与研究出版社, 1994.

[54] 胡文仲. 跨文化交际学概论 [M]. 北京: 外语教学与研究出版社, 1999.

[55] 胡文仲. 跨文化交际能力在外语教学中如何定位 [J]. 外语界, 2013 (6): 2-8.

[56] 华萍. 对外汉语教学中的文化教学研究 [D]. 兰州: 兰州大学, 2012.

[57] 黄国文. Chomsky 的"能力"与 Hymes 的"交际能力" [J]. 外语教学与研究, 1991 (2): 35-36.

[58] 黄和斌. 外语教学理论与实践 [M]. 南京: 译林出版社, 2001.

[59] 黄洁. 非本族语者言语行为能力发展研究回顾与我国言语行为教学路径 [J]. 外语教学理论与实践, 2009 (1): 68-76.

[60] 黄永红. 对言语行为"道歉"的跨文化研究 [J]. 解放军外国语学院学报, 2001 (9): 33-36.

[61] 黄永红. 跨文化交际学教程 [M]. 武汉: 华中科技大学出版社, 2010.

[62] 贾欣岚, 李彤. 文化脚本: 跨文化语用研究的新范式——以

《红楼梦》中的尊卑礼仪为例［J］. 江苏科技大学学报（社会科学版），2013（12）：67－76.

［63］贾玉新. 跨文化交际学［M］. 上海：上海外语教育出版社，1997.

［64］姜孟. 外语学习者在外语使用中的隐性不地道现象——基于中国英语专业学生的实证研究［J］. 现代外语，2006（1）：44－53.

［65］姜占好. 中澳大学生英语道歉策略的对比研究［J］. 外语研究，2004（2）：32－35.

［66］姜占好，周保国. 学习者语用能力评估研究［J］. 外语教学，2012（9）：45－48.

［67］姜占好. 过渡语语用学视角下的语用能力研究［M］. 北京：北京大学出版社，2013a.

［68］姜占好，陶源. 国内外教材中的语用知识研究述评［J］. 淮北师范大学学报（哲学社会科学版），2013b（8）：23－26.

［69］蒋景阳，胡蓉. "道歉"的语用研究及对 Meier "修复工作"的完善［J］. 浙江大学学报（人文社会科学版），2005（11）：170－176.

［70］康红霞. 关于现代汉语道歉言语行为的初步研究［D］. 天津：天津师范大学，2008.

［71］劳弗图斯，G. R. & 劳弗图斯 E. F. 人类的记忆：认知心理学入门［M］. 李洪元等译. 西宁：青海人民出版社，1987.

［72］李柏令. 第二语言习得通论［M］. 上海：上海交通大学出版社，2013.

［73］李怀奎. 第二语言语用能力研究理论与实践［M］. 上海：上海交通大学出版社，2013.

［74］李炯英. 波兰语义学派概述［J］. 外语教学研究，2005（9）：377－382.

[75] 李炯英，李葆嘉 . NSM 理论的研究目标、原则和方法 [J]. 当代语言学，2007 (1)：68 – 77.

[76] 李炯英，赵文薇 . 文化脚本：跨文化语用学研究的语义学方法 [J]. 外语学刊，2008 (4)：60 – 64.

[77] 李炯英 . 自然语义元语言理论的隐喻观及其语义解释力 [J]. 南京邮电大学学报（社会科学版)，2009 (3)：48 – 53.

[78] 李炯英，郑赛芬 . 基于 NSM 理论的跨文化语用学研究述评——兼评经典语用学理论的局限性 [J]. 南京邮电大学学报（社会科学版)，2010 (9)：71 – 77.

[79] 李炯英 . 波兰语义学派 NSM 理论对情感词汇的语义解释力 [J]. 南京邮电大学学报（社会科学版)，2011a (9)：58 – 64，79.

[80] 李炯英 . 波兰语义学派的哲学基础及其六大核心思想 [J]. 当代外语研究，2011b (11)：8 – 13.

[81] 李炯英 . 自然语义元语言理论的类型学研究取向 [J]. 南京邮电大学学报（社会科学版)，2012a (12)：41 – 46 .

[82] 李炯英，方宗祥，袁周敏 . 跨文化语用学——基于 NSM 理论的反思 [M]. 南京：南京大学出版社，2012b.

[83] 李军 . 道歉行为的话语模式与语用特点分析 [J]. 语言教学与研究，2007 (1)：11 – 19.

[84] 李开 . 现代结构主义的一颗明星——布龙菲尔德《语言论》导引 [M]. 南京：江苏教育出版社，1991.

[85] 李民，陈新仁 . 中国英语专业学生语法/语用意识程度及其能力调查 [J]. 中国外语，2007 (6)：35 – 41.

[86] 李民，肖燕 . 语用能力分析框架述评 [J]. 外语教学理论与实践，2012 (3)：50 – 56.

[87] 李燕，姜占好 . 新时期英语专业学生语用能力调查报告及启示 [J]. 外语教学，2014 (9)：68 – 71.

[88] 李悦娥，范宏雅．话语分析 [M]．上海：上海外语教育出版社，2002.

[89] 李长岷．人的信息加工能力 [J]．西南师范学院学报，1981 (1)：119 - 127.

[90] 李子荣．作为方法论原则的元语言理论 [M]．哈尔滨：黑龙江人民出版社，2006.

[91] 李佐文，郑朝红．语言与文化 [M]．保定：河北大学出版社，2005.

[92] 李佐文，朱燕．中国外宣领域外语人才需求的规格的思考 [J]．现代传播，2014 (8)：129 - 131.

[93] 廖巧云．语用学研究的新范式——民族语用学评介 [J]．外语教学与研究，2007 (11)：477 - 479.

[94] 林国立．构建对外汉语教学的文化因素体系——研制文化大纲之我见 [J]．语言教学与研究，1997 (1)：17 - 28.

[95] 林夏．NSM 理论视域下可译性的认知解读 [J]．牡丹江大学学报，2012 (8)：64 - 66.

[96] 绫部恒雄．文化人类学的十五种理论 [M]．周星等，译．贵阳：贵州人民出版社，1988.

[97] 刘建达．话语填充测试方法的多层面 Rasch 模型分析 [J]．现代外语，2005 (2)：157 - 69.

[98] 刘建达．外语语用能力：定义、教学与测试 [J]．江西师范大学学报（哲学社会科学版)，2006a (4)：108 - 113.

[99] 刘建达．中国学生英语语用能力的测试 [J]．外语教学与研究，2006b (4)：259 - 65.

[100] 刘建达．语用能力测试的评卷对比研究 [J]．现代外语，2007 (4)：395 - 438.

[101] 刘建达，黄玮莹．中国学生英语水平与语用能力发展研究

[J]. 中国外语，2012 (1)：64－70.

[102] 刘绍忠. 国外语际语用学研究与我国语际语用学研究的思考 [J]. 现代外语，1997a (3)：73－80.

[103] 刘绍忠. 语境与语用能力 [J]. 外国语，1997b (3)：24－31.

[104] 刘思，刘润清. 对“道歉语”的语用定量研究 [J]. 外国语，2005 (5)：17－23.

[105] 刘苏. 中和思想的历史形态及其现代意义 [D]. 哈尔滨：哈尔滨工业大学，2006.

[106] 刘雯，杨丽珠. 美国信息加工心理学的发展理论评介 [J]. 辽宁师范大学学报（社科版），1996 (6)：21－24.

[107] 刘雁铃. 对外汉语初级教材文化项目的编排研究 [D]. 厦门：厦门大学，2007.

[108] 刘永琴. 心理模块观：认知心理学研究的一种新范式 [D]. 上海：华东师范大学，2013.

[109] 刘宇红. 语言哲学与语言中的哲学 [M]. 南京：南京大学出版社，2013.

[110] 刘志华，陈彩琦，金志成. 选择性注意的理论及其发展趋势——认知神经研究 [J]. 心理科学，2003 (4)：709－712.

[111] 卢植，伍乐其. 自然语言元语言论与语义分析 [J]. 外国语，2002 (4)：20－24.

[112] 卢植. 论语义启动与文化脚本 [J]. 外国语. 2003 (5)：27－34.

[113] 鲁忠义，杜建政，刘学华. 工作记忆模型的第四个组成部分——情景缓冲器 [J]. 心理科学，2008，31 (1)：239－241.

[114] 罗常培. 语言与文化 [M]. 北京：北京出版社，2004.

[115] 罗常培著，胡双宝注. 语言与文化注释本 [M]. 北京：北

京大学出版社，2009.

[116] 吕必松．谈谈对外汉语教学的总体设计 [J]．语言教学与研究，1986 (4)：4-18.

[117] 吕必松．关于制订对外汉语教材规划的几个问题 [J]．世界汉语教学，1988 (1)：35.

[118] 吕必松．对外汉语教学的理论研究问题刍议 [J]．语言文字应用，1992 (1)：61-68.

[119] 吕必松．我对发展汉语教学的几点认识 [J]．汉语学习，1993 (6)：39-42.

[120] 吕必松．在对外汉语教学的定性、定位、定量问题座谈会上的发言 [J]．世界汉语教学，1995 (1)：9-13.

[121] 马冬虹．外语教学中文化因素研究 [D]．上海：上海外国语大学，2007.

[122] 马佩．逻辑哲学 [M]．上海：上海人民出版社，2008.

[123] 玛格丽特．A. 博登．人工智能哲学 [M]．刘西瑞，王汉琦，译．上海：上海世纪出版集团，2005.

[124] 莫尔根 著．古代社会 [M]．杨东莼、张栗原、冯汉骥译．北京：三联书店，1957.

[125] 浦冬梅．自然语义元语言之思想探源及理论形成的机理研究 [J]．西北大学学报（哲学社会科学版），2009 (5)：149-151.

[126] 浦冬梅．自然语义元语言的理论基础及研究前景 [J]．外语学刊，2012 (4)：45-49.

[127] 浦江．基于全信息理论的认知模型研究 [J]．徐州工程学院学报（自然科学版），2012，27 (4)：49-54.

[128] 钱军．结构功能语言学——布拉格学派 [M]．吉林：吉林教育出版社，1998.

[129] 冉永平．外语学习的语用学综览与管见 [J]．外语研究，

2006 (1): 48-51.

[130] 申小龙. 中国文化语言学 [M]. 长春: 吉林教育出版社, 1990.

[131] 申小龙. 语言与文化的现代思考 [M]. 郑州: 河南人民出版社, 2000.

[132] 沈阳. 语言学常识十五讲 [M]. 北京: 北京大学出版社, 2005.

[133] 石向实. 认识论与心理学 [M]. 北京: 东方出版社, 2006.

[134] 司联合. 过渡语、语用能力与文化教学 [J]. 外语学刊, 2001 (2): 101-106.

[135] 宋莉, 刘立达. 论普遍语用学"场域原则"的新佐证——英汉道歉语研究新解 [J]. 哈尔滨工业大学学报 (社会科学版), 2004 (11): 119-122.

[136] 苏新春. 汉语释义元语言研究 [M]. 上海: 上海教育出版社, 2005.

[137] 苏新春. 文化语言学教程 [M]. 北京: 外语教学与研究出版社, 2006.

[138] 孙隆基. 中国文化的深层结构 [M]. 西安: 华岳文艺出版社, 1988.

[139] 孙玉超. 中国英语学习者道歉言语行为的语用研究 [D]. 长春: 吉林大学, 2007.

[140] 陶红印. 口语研究的若干理论与实践问题 [J]. 语言科学, 2001 (1): 50-67.

[141] 田根胜, 余意. 中国传统文化精神 [M]. 上海: 上海辞书出版社, 2003.

[142] 田国立, 朱燕. 英语专业学生的中国传统文化缺失现象及教学补救策略 [J]. 河北大学成人教育学院学报, 2007 (3): 55-56.

[143] 田延明，王淑杰. 心理认知理论与外语教学研究 [M]. 北京：北京大学出版社，2010.

[144] 汪大昌. 语言和文化 [M]. 北京：首都师范大学出版社，2009.

[145] 汪新建，周静. 多通道记忆模型（MEM）简评 [J]. 心理科学. 2004，27（2）：441－443.

[146] 汪雅君. 基于语料库的自然语义元语言英汉语义基元 happen 和"发生"的对比研究 [D]. 广州：暨南大学，2008.

[147] 王凤青. 傅斯年与中国传统文化 [D]. 济南：山东师范大学，2002.

[148] 王恒兰. 谈 Anna Wierzbicka 的认知语用观 [J]. 重庆科技学院学报（社会科学版），2011（13）：146－148.

[149] 王洪明. 俄汉阐释动词词义的元语言释义对比 [M]. 济南：山东人民出版社，2013.

[150] 王金铃. 幽默语篇理解的多维理论阐释 [M]. 长春：吉林大学出版社，2008.

[151] 王寅. 语义理论与语言教学 [M]. 上海：上海外语教育出版社，2001.

[152] 王寅. 认知语言学 [M]. 上海：上海外语教育出版社，2007.

[153] 王育民，李晖，梁传甲. 信息论与编码理论 [M]. 北京：高等教育出版社，2005.

[154] 文秋芳，王立非. 英语学习策略实证研究 [M]. 西安：陕西师范大学出版社，2003.

[155] 文秋芳，王立非. 二语习得研究方法 35 年：回顾与思考 [J]. 外国语 2004（4）：18－25.

[156] 吾敬东. 中国人"命"即命运观念的形成 [J]. 学术界，

2009 (4): 118 - 130.

[157] 吴格奇. 英语教材中的跨文化语用失误——"招呼语"之会话结构英汉对比分析 [J]. 外语研究, 2004 (2): 51 - 56.

[158] 吴红云. 二语写作元认知理论的实证研究 [M]. 北京: 外语教学与研究出版社, 2006.

[159] 吴为章. 新编语言学教程 [M]. 北京: 北京广播学院出版社, 1999.

[160] 伍铁平. 评《语言论》的心理学基础——行为主义 [J]. 现代外语, 1990 (3): 1 - 8.

[161] 伍铁平. 语言和思维关系新探 (增订本) [M]. 上海: 上海教育出版社, 1986.

[162] 夏登山, 郭小洁. ethnopragmatics 的理论方法与译名商榷 [J]. 中国科技术语, 2013 (5): 26 - 29, 38.

[163] 箱田裕司等. 认知心理学 [M]. 宋永宁译. 上海: 华东师范大学出版社, 2013.

[164] 向明友, 语用学研究的新进展 [J]. 中国外语, 2007 (2): 23 - 28.

[165] 向明友, 夏登山. 民俗语用学: 语用学研究的新视角 [J]. 外语教学, 2009 (11): 24 - 27, 32.

[166] 肖航. 语料库在线网站 [DB/OL]. http: //www. cncorpus. org/index. aspx, 2010/2014. 12. 30.

[167] 邢福义. 文化语言学 (增订本) [M]. 武汉: 湖北教育出版社, 2006.

[168] 徐海铭. Competence 概念演变描述 [J]. 南京师大学报 (社会科学报). 1995 (4): 102 - 105.

[169] 徐晓晴. 交际能力中的语法、词汇和语用习得 [J]. 山东外语教学, 2003 (1): 57 - 60.

[170] 徐志民. 欧美语言学简史（修订本）[M]. 上海：学林出版社，2005.

[171] 雅柯布森. 雅柯布森文集 [M]. 钱军，王力译注. 长沙：湖南教育出版社，2013.

[172] 阎云祥. 差序格局与中国文化的等级观 [J]. 社会学研究，2006（4）：201－214.

[173] 颜琳华. 从语用学角度谈基础阶段后期精读课的侧重点转移问题 [J]. 甘肃教育学院学报（社会科学版），2001：第17卷专辑.

[174] 杨镜江. 文化学引论 [M]. 北京：北京师范大学出版社，1992.

[175] 杨连瑞，张德玉. 会话含义理论与英语听力教学 [J]. 山东外语教学，2004（1）.

[176] 杨善民，韩锋. 文化哲学 [M]. 济南：山东大学出版社，1982.

[177] 杨文秀. 语用能力·语言能力·交际能力 [J]. 外语与外语教学，2002（3）：5－8.

[178] 杨熙龄. 奇异的循环：逻辑悖论探析 [M]. 沈阳：辽宁人民出版社，1987.

[179] 杨盈，庄恩平. 构建外语教学跨文化交际能力框架 [J]. 外语界，2007（4）：13－22.

[180] 杨元刚. 英汉词语文化语义对比研究 [M]. 武昌：武汉大学出版社，2008.

[181] 杨忠，张绍杰. 语用学理论与精读课的侧重点 [J]. 外语与外语教学，1991（1）：1－6.

[182] 姚伟钧. 宗法制度的兴亡及其对中国社会的影响 [J]. 华中师范大学学报（人文社会科学版），2002（5）：87－92.

[183] 姚小平. 洪堡特—人文研究和语言研究 [M]. 北京：外语

教育与研究出版社，1995.

[184] 姚小平. 语言文化十讲 [M]. 北京：外语教育与研究出版社，2005.

[185] 游汝杰. 中国文化语言学引论 [M]. 上海：上海辞书出版社，2003.

[186] 余伟，郑钢. 跨文化心理学中的文化适应研究 [J]. 心理科学进展，2005，13 (6)：836-846.

[187] 张公瑾. 语言的文化价值 [J]. 民族语文，1989 (5)：1-7.

[188] 张积家，姜敏敏. 自然语义元语言理论：内容、发展和面临的挑战 [J]. 嘉应学院学报（哲学社会科学），2007 (4)：96-108.

[189] 张晶薇. 语用能力与语用教学 [J]. 河北理工大学学报社会科学版，2007.2：171-173.179.

[190] 张绍滔. 汉语文化研究 [M]. 厦门：厦门大学出版社，1996.

[191] 张文. "和"——儒学的最高境界 [J]. 中国哲学史，1997 (4)：8-12.

[192] 张晓虎. 关于中国古代礼文化的若干思考 [J]. 学术月刊，2002 (6)：25-29.

[193] 张英. 对外汉语文化教材研究——兼论对对外汉语文化教学等级大纲建设 [J]. 汉语学习，2004 (2)：53-59.

[194] 张英. "对外汉语文化大纲"基础研究 [J]. 汉语学习，2009 (5)：93-100.

[195] 张喆，张发祥，赵国栋. 自然语义元语言：理论与实践 [M]. 北京：科学出版社，2007.

[196] 张忠利，宋文举. 中西文化概论 [M]. 天津：天津大学出版社，2002.

[197] 赵弘. 汉语道歉语的性别差异研究 [J]. 四川教育学院学报, 2008 (10): 57-58.

[198] 赵宏勃. 对外汉语文化教材编写思路初探 [J]. 语言文字应用, 2005 (9): 69-71.

[199] 赵惠霞, 周憬. 语言与文化阐释 [M]. 西安: 西安出版社, 2008.

[200] 赵世开. 布龙菲尔德: 1887-1849 [J]. 国外语言学 1980 (2): 45-46.

[201] 赵世开. 美国语言学简史 [M]. 上海: 上海外语教育出版社, 1989.

[202] 赵宇. 中美道歉言语行为对比研究 [D]. 上海: 上海师范大学, 2010.

[203] 中国社会科学院语言研究所. 新华字典 (第 11 版) [Z]. 北京: 商务印书馆, 2013.

[204] 中国社会科学院语言研究所词典编辑室. 现代汉语词典 (第 6 版) [Z]. 北京: 商务印书馆, 2012.

[205] 钟义信. 全信息理论: 定义与测度 [J]. 北京邮电学院学报, 1991, 14 (3): 1-14.

[206] 钟义信. 从"统计"到"理解", 从"传输"到"认知" [J]. 电子学报, 1998a (7): 1-8.

[207] 钟义信. 面向智能研究的全信息理论——纪念 Shannon 信息论 50 周年 [J]. 北京邮电大学学报, 1998b, 21 (4): 1-6.

[208] 钟义信. 机器知行学原理: 信息、知识、智能的转换与统一问题 [M]. 北京: 科学出版社, 2007.

[209] 钟义信. 信息转换原理: 信息、知识、智能的一体化理论 [J]. 科学通报, 2013, 28 (14): 1300-1306.

[210] 钟义信. 高等人工智能原理——观念、方法、模型、原理

[M]. 北京：科学出版社，2014.

[211] 周光庆. 中华文化关键词研究刍议 [J]. 华中师范大学学报（人文社会科学版），2009 (9)：91-97.

[212] 周光庆. 汉语词汇认知——文化机制研究 [M]. 北京：商务印书馆，2012.

[213] 周丽萍. 汉语礼貌用语与对外汉语教学 [D]. 开封：河南大学，2013.

[214] 周永惠. 同义词反义词词典 [M]. 成都：四川出版集团四川辞书出版社，2008.

[215] 周有光. 百岁所思 [M]. 天津：百花文艺出版社，2014.

[216] 周志培，陈运香. 文化学与翻译 [M]. 上海：华东理工大学出版社，2013.

[217] 朱媞媞. 对外汉语教学初级阶段文化因素导入研究 [D]. 福州：福建师范大学，2003.

[218] 朱燕，李文良. 试用关联理论分析非语言交际 [J]. 唐山学院学报，2005 (4)：84-86.

[219] 朱燕，闫玉芬. "语言与文化"教学中出现的问题及应对策略 [J]. 职业时空，2008 (6)：57.

[220] 朱燕. 认知与二语习得理论国内外发展趋势研究 [J]. 唐山师范学院学报，2010 (4)：14-17.

[221] 朱燕. 二语习得及认知理论应用研究方案 [J]. 唐山师范学院学报，2011 (4)：18-20.

[222] 朱燕. 基于关联—顺应—模因框架下的第二语言学习模型的解读 [J]. 唐山师范学院学报，2013 (3)：53-56.

[223] 朱燕. Learning Community 视阈下地方师范院校教师资源整合 [J]. 唐山师范学院学报，2014 (7)：117-119.

[224] 朱燕. LC 框架上的语言学教学及对教师资源整合的探索

[J]. 沈阳大学学报（社会科学版），2014（10）：647－650.

[225] 朱燕，唐翠云．文学阅读驱动下的英语“读—说—写一体化”教学模式研究 [J]. 唐山师范学院学报，2017（4）：152－154.

[226] 邹昌林．中国礼文化 [M]. 北京：社会科学文献出版社，2000.

[227] 祖父江孝男．简明文化人类学 [M]. 季红真译．北京：作家出版社，1987.

[228] 左艳红，姜占好．跨文化语用失误及英语教材编写对策研究 [J]. 山东理工大学学报（社会科学版），2012（1）：106－109.

[229] Afghari，Akbar. A sociopragmatic study of apology speech act realization patterns in Persian [J]. Speech Communication. 2007（49）：177－185.

[230] Austin，J. L. How to Do Things with Words：The William James Lectures Delivered at Harvard University in 1955 [M]. Oxford：The Clarendon Press. 1962.

[231] Austin，J. L. Philosophical Papers [M]. Oxford：The Clarendon Press. 1961.

[232] Bachman，L. F. Fundamental Consideration in Language Testing [M]. Oxford：Oxford University Press. 1990 .

[233] Bachman，L. F. & Palmer，A. S. Language Testing in Practice：Designing and Developing Useful Language Tests [M]. Oxford：Oxford University Press. 1996a.

[234] Bachman，L. F. & Palmer，A. S. Language Assessment in Practice [M].（2nd eds. ）Oxford：OUP. 1996b.

[235] Barber&Alex & Stainton&Robert J. Concise Encyclopedia of Philosophy of Language and Linguistic s [M]. London：Elsevier Ltd. 2010.

[236] Bardovi－Harlic，K. & Dornyei，Z. Do Language Learners Rec-

ognize Pragmatic Violations? Pragmatic Versus Grammatical Awareness in Instructed L2 Learning [J]. TESOL QUARTERLY. 1998. Vol. 32, No. 2: 233 -262.

[237] Bardovi - Harlig K. Exploring the Interlanguage of Interlanguage Pragmatics: A research Agenda for Acquisitional Pragmatics [J]. Language Learning. 1999. Vol. 49, No. 4: 677 -713.

[238] Barnlund, D. C. & Yoshioka, M. Apologies: Japanese and American styles. International Intercultural Relations [J]. 1990 (14): 193 - 206.

[239] Benedict, Ruth. Patterns of Culture [M]. New York: The New American Library of World Literature, Inc. 1946.

[240] Birx, H. James. Encyclopedia of Anthropology [M]. California: Sage Publications, Inc. 2006.

[241] Bloomfield. Language [M]. London: George Allen&Unwin Ltd. 1933 .

[242] Boas, Franz. The Mind of Primitive Man [M]. New York: The Macmillan Company. 1938.

[243] Boas, Franz. Anthropology and Modern Life [M]. New York: The Norton Library. 1962.

[244] Bruner, Jerome, Acts of Meaning [M]. Cambridge, Mass: Harvard University Press. 1990.

[245] Bussmann, Hadumod. Routledge Dictionary of Language and Linguistics. Translated and edited by Gregory P. Trauth and Kerstin Kazzazi. [M]. London: Routledge. 1996 .

[246] Byon, A. S. Apologizing in Korean: Cross - cultural Analysis in Classroom Settings [J]. Korean Study. 2005. Vol (29): 137 -165.

[247] Canale, M . & Swain, M. Theoretical bases of communicative

approaches to second language teaching and testing [J]. Applied Linguistics, 1980 (1): 1 -47.

[248] Canale, M. On some dimentions of language proficiency [A]. In J. N. Oller (eds.): Issues in Language Testing Research [C]. Rowley, MA: Newbury House, 1983: 333 -342.

[249] Carnap, R. Logical Syntax of Language [M]. Kegan Paul, Trench: Trubner& Co. Ltd. New Fetter Lane. London: Routledge. 1937/2000.

[250] Chamot, A. U. The learning strategies of ESL students [A]. In Wenden and J. Rubin (eds.) Learning Strategies in Language Learning [C]. Hemel Hempstead: Prentice - Hall. 1987: 71 -85.

[251] Chomsky, N. Aspects of the Theory of Syntax [M]. Cambridge: MIT Press. 1965.

[252] Chomsky, N. Rules and representations [M]. Columbia: Columbia University Press. 2005.

[253] Cohen, A. D. Developing the ability to perform speech acts [J]. Studies in Second Language Acquisition. 1996. Vol. 18, No 2: 253 - 267. ? .

[254] Cohen, A. Straegeis in Learning and Using a Second Language [M]. London: Routledge. 1998.

[255] Cohen, Andrew & Shively Rachel. Acquisition of Requests and Apologies in Spanish and French: Impact of Study Abroad and Strategy - Building Intervention [J]. The Modern Language Journal. 2007 (91): 189 -212.

[256] Cole, Michael & Packer Martin. Culture and Cognition [A]. In Keith, Kenneth D. (ed.) Cross - Cultural Psychology: Contemporary Themes and Perspectives [C]. West Sussex: Wiley - Blackwell. 2011: 133

-159.

[257] Collins. http://www.collinsdictionary.com/ [DB/OL]. 2014/2014-12-25.

[258] Dawkins, R. The Selfish Gene [M]. Oxford: The Oxford Press. 1976.

[259] Descartes, Rene. A Discourse on Method. Translated by John Veitch, LL. D. [M]. London: J. M. Dent & Sons LTD.; New York: E-. P. Dutton & Co. INC. 1912.

[260] Durst, Uwe. About NSM: A general reply [J]. Theoretical Linguistics. 2003 (9): 295-303.

[261] Edelman, Gerald M. Bright Air, Brilliant Fire: On the Matter of the Mind [M]. New York: Basic Books. 1992.

[262] Ellis, R. The Study of Second Language Acquisition [M]. 上海：上海外语教育出版社，1999.

[263] Ember, Carol. R. - Melvin Ember. 文化的变异——现代文化人类学通论 [M]. 杜杉杉译. 沈阳：辽宁人民出版社，1988.

[264] Eysenck, M. W. & Keane, M. Cognitive Psychology: A Student's Handbook (Fourth Edition) [M]. Hove and New York: Psychology Press. 2000.

[265] Garcia, Paula. Developmental differences in speech act recognition: A pragmatic awarenes study [J]. Language Awareness, 2004. Vol. 13, No. 2: 96-115.

[266] Gass, Susan & Selinker, Larry. Second Language Acquistion: An Introductory Course (3rd Edition) [M]. 赵杨译. 北京：北京大学出版社，2011.

[267] Gladkova, Anna. 'Is he one of ours?' The cultural semantics and ethnopragmatics of social categories in Russian [J]. Journal of Pragmat-

ics. 2013 (55): 180 – 194.

[268] Gladkova, A. & Rmero – Trillo, J. Ain't it beautiful? The conceptualization of beauty from an ethnopragmatic perspective e [J]. Journal of Pragmatics. 2014 (60): 140 – 159.

[269] Goddard, C. Anger in the western desert: A case study in the cross – cultural semantics of emotion [J]. Man, New Series. 1991. Vol. 26, No. 2: 265 – 279.

[270] Goddard, C. Lexico – semantic universals: A critical overview [J]. Linguistic Typology. 2001 (5): 1 – 65.

[271] Goddard, C. The ethnopragmatics and semantics of 'active metaphors' [J]. Journal of Pragmatics. 2004 (36): 1211 – 1230.

[272] Goddard, C. Ethonopragmatics: Understanding Discourse in Cultural Context [C]. Berlin: Mouton de Gruyter. 2006.

[273] Goddard, C. A response to N. J. Enfield's review of ethnopragmatics (Goddard, ed. 2006) [J]. Intercultural Pragmatics. 2007 (4 – 4): 531 – 538.

[274] Goddard, C. Cross – linguistics semantics [C]. Amsterdam/Philadelphia: John Benjamins Publishing Company. 2008.

[275] Goddard, C. & Wierzbicka, A. 'Want' is a lexical and conceptual universal-Reply to Khanian [J]. Studies in Language. 2010. Vol. 34, No. 1 : 108 – 123.

[276] Goldstein, E. Bruce. 认知心理学：心智、研究与你的生活（第三版）[M]. 张明等译. 北京：中国轻工业出版社，2015.

[277] Hall, Edward. T. The Hidden Dimension [M]. New York, London: Anchor Books Doubleday. 1990.

[278] Hebb, D. O. The Organization of Behavior: A Neuropsychological Theory [M]. Mahwah, New Jersey: Lawrence Erlbaum Associates,

Inc. , Publishers. 2002.

[279] Hofstede, Geert & Hofstede, Gert & Jan, M. Cultures and Organizations: Software of the Mind [M]. New York: McGraw Hill Company. 2010.

[280] Holland, D. & Quinn, N. Culture and Cognition [A]. in Holland, D. & Quinn N. Cultural models in language and thought [C]. Cambridge New York: Cambridge University Press. 1987: 3 –42.

[281] House, J. Developing pragmatic fluency in English as a foreign language: Routines and metapragmatic awareness [J]. Studies in Second Language Acquisition. 1996 (18): 225 –252.

[282] Humboldt, Wilhelm von. On Language: The Diversity of Human Language-Structure and its Influence on the Mental Development of Mankind [M]. Translated by Peter Heath. Cambridge: Cambridge University Press. 1988.

[283] Hymes, D. H. On communicative competence [A]. In Pride, J. B. & Holmes, J. (eds.) . Sociolinguistics: Selected Readings [C]. Harmondsworth: Penguim. 1972: 269 –293 .

[284] Javier, Rafael Art. The Bilingual Mind: Thinking, Feeling and Speaking in Two Languages [M]. New York: Springer. 2007.

[285] Jorden, Peter. Current Trends in the Development and Teaching of the Four Language Skills [C]. New York: Mouton de Gruyter, 2006.

[286] Kasanga, L. A. & Lwanga – Lumu, J. Cross – cultural linguistic realization of politeness: A study of apologies in English and Setswana [J]. Journal of Politeness Research. 2007 (3): 65 –92.

[287] Kasper, G. Pragmatic transfer [J]. Second Language Research. 1992 (8): 203 –231.

[288] Kasper, G & Blum – Kulka, S. Interlanguage Pragmatics: An Introduction [A]. In Kasper, G & Blum – Kulka, S. (eds.) Interlan-

guage Pragmatics [C]. New York: Oxford University Press. 1993: 3 – 18.

[289] Kasper, G. Four Perspectives on L2 Pragmatic Development [J]. Applied Linguistics. 2001. Vol. 22, No. 4 : 502 – 530.

[290] Kasper, G. 'The development of pragmatic competence' [A]. In E. Kellerman, B. Weltens and T. Bongaerts (eds.) . EUROSLA 6: A Selection of Papers [C]. Amsterdam: VU Uitgeverij. 1996: 103 – 120.

[291] Kasper, G & Schmidt, R. Developmental issues in interlanguage pragmatics [J]. Studies in Second Language Acquisition. 1996 (18): 149 – 169.

[292] Kasper, G. Can pragmatic competence be taught? (NetWork # 6) [HTML document]. Honolulu: University of Hawaiʻi, Second Language Teaching & Curriculum Center. Retrieved from the World Wide Web: http: //www. nflrc. hawaii. edu/NetWorks/NW06/. 1997.

[293] Kesckes, Istvan & Papp, Teunde. Foreign Language and Mother Tongue [M]. Mahwah New Jersey: Lawrence Erlbaum Associates, Publishers. 2000.

[294] Kecskes, Istvan. Sociopragmatics and cross – cultural and intercultural studie s [A] In Keith Allan & Kasia M. Jaszczolt (eds.) . Cambridge Handbook of Pragmatic s [C]. Cambridege: Cambridege University Press. 2012: 599 – 616.

[295] Kotani, M. Accounting practices of the Japanese in the United States: explorations of their meaning apology [P]. Paper presented at the 47th Annual Meeting of the International Communication Association, Montreal. 1997 .

[296] Krashen, Stephen D. Second Language Acquisition and Second Language Learning [M]. Oxford: Pergamon Press Inc. 1981.

[297] Kroeber, A. L. & Kluckhohn, C. Culture: A Critical Review of

Concepts and Definitions (Papers of the Peabody Museum of American Archaeology and Eth). [M]. Cambridge, Massachusetts: Greenwood Press. 1952.

[298] Lakoff, R. T. Nine Ways of Looking at Apologies: The Necessity for Interdisciplinary Theory and Method in Discourse Analysis [A] In Schiffrin, D. & Tannen, D. & Hamilton, H. E. (eds.). The Handbook of Discourse Analysis [C]. Oxford: Blackwell. 2001.

[299] Leech G. Principles of pragmatics [M]. New York: Longman Group Limited. 1983.

[300] Lehnert, W. G. The Role of Scripts in Understanding [A]. In D. Metzing (ed.). ? Frame? Conceptions and Text Understanding [C]. Berlin: Walter de Gruyter, 1980.

[301] Levison. S. Pragmatics [M]. Cambridge: Cambridge University Press. 1983.

[302] Macaro, E. Learning Strategies in Foreign and Second Language Classrooms [M]. London, New York: Continuum. 2001.

[303] Magala, S. Cross - culture Competence [M]. London, New York: Routledge. 2005.

[304] Malinowski, B. Argonauts of the Western Pacific: An Account of Native Enterprise and Adventure in the Archipelagoes of Melanesian New Guinea [M]. London: Routledge & Paul Ltd. 1922.

[305] Malinowski, B. A Scientific Theory of Culture and other Essays [M]. New York: Oxford University Press. 1944.

[306] Mandelbaum, D. G. Edward Sapir Culture, Language and Personality: Selected Essays [M]. Berkeley, Los Angeles, London: University of California Press, 1949.

[307] Masuyo Ito. Japanese - speaking children's interpretation of sentences containing the focus particle date ' even ': convetional implicatures,

QUD, and processing limitations [J]. Linguistics. 2012. Vol. 50, No. 1: 105 - 151.

[308] Matthews, P. H. Oxford Concise Dictionary of Linguistics [M]. Oxford New York: Oxford University Press. 2000.

[309] Meier A. J. Defining politeness: universality in appropriateness [J]. Language sciences, 1995a (17): 345 - 356.

[310] Meier A. J. Passages of Politeness [J]. Journal of Pragmatics, 1995b (24): 381 - 392.

[311] Miller, R. L. The Linguistic Relativity Principle and Humboldtian Ethnolinguistics [M]. The Hague, Paris: Muton. 1968.

[312] Morris, C. Sign, Language and Behavior [M]. 罗兰, 周易译 New York: Prentice - Hall. 1946. 上海: 上海人民出版社, 1989.

[313] Muller, U. & Carpendale, J. I. M. & Smith L. The Cambridge Companion to Piaget [C]. Cambridge: Cambridge University Press. 2010.

[314] Murray, D. E. & Christison, M. A. What English Language Teachers Need to Know, Volumn 1: Understanding Learning [C]. New York and London: Routledge Taylor & Francis Group. 2011.

[315] Nelson, Onna. Book review of Cliff Goddard's semantic analysis: a practical introduction (second edition) [J]. Studies in Language. 2012. Vol. 36, No. 4: 921 - 927.

[316] Nelson, Webb. A Cognitive Perspective on Early Memory Development [A]. In Michelle de Haan & Mark H. J.: The Cognitive Neuroscience of Development [C]. New York: Psychology Press. 2005: 99 - 126.

[317] O'malley, J. M. & Chamot, A. U. Learning Strategies in Second Language Acquisition [M]. Cambridge: Cambridge Unviersity Press. 1990.

[318] Olshtain, E. & Cohen, A. D. Apology: A speech - act set

[A]. In N. Wolfson & E. Judd (eds.). Sociolinguistics and language acquisition [C] Rowley, MA: Newbury House. 1990a: 18 – 35.

[319] Olshtain, E., & Cohen, A. D. The learning of complex speech act behavior [J]. TESL Canada Journal. 1990b (7): 45 – 65.

[320] Olshtain, E., & Blum – Kulka, S. Crosscultural pragmatics and the testing of communicative competence [J]. Retrieved on January 7, 2015 at Itj. Sagepu. com of Shanghai Jiaotong University. 2015.

[321] Oxford, R. Language Learning Strategies: What Every Teacher Should Know [M]. Rowley, Mass: Newbury House. 1990.

[322] Patterson. D. New Essays on Tarski and Philosophy [M]. Oxford New York: Oxford University Press. 2008.

[323] Pearson, L. Patterns of development in Spanish L2 pragmatic acquisition: An analysis of novice learners' production of directives [J]. The Modern Language Journal. 2006 (90): 473 – 495.

[324] Penn, Julia M. Linguistic Relativity Versus Innate Ideas: The Origins of the Sapir – Whorf Hypothesis in German Thought [M]. The Hague, Paris: Mouton. 1972.

[325] Porter, P. A. How learners talk to each other: Input and interaction in task centered discussions [A]. In R. R. Day (ed.). Talking to learn: Conversation in second language acquisition [C]. Rowley, MA: Newbury House. 1986: 200 – 222.

[326] Ramson, W. S. Anna Wierzbicka and the trivialization of Australian culture [J]. Australian Journal of Linguistics. 2001. Vol. 21, No 2: 181 – 194.

[327] Raymond Williams. Keywords: A vocabulary of culture and society (Revised edition) [M]. New York: Oxford University Press. 1983.

[328] Recanati, Francois. Contextualism: Some varieties [A] In

Keith Allan & Kasia M. Jaszczolt (eds.). Cambridge Handbook of Pragmatics [C]. Cambridge: Cambridge University Press. 2012: 135 – 150.

[329] Riemer, Nick. Reductive paraphrase and meaning: a critique of Wierzbickian semantics [J]. Linguistics and Philosophy. 2006 (29): 347 – 379.

[330] Rieschild, Verna Robertson. Book review of Anna Wierzbicka's English: meaning and culture [J]. Intercultural Pragmatics. 2008. Vol. 5, No. 3: 75 – 96.

[331] Rieschild, Verna. Arabic Yacni: Issues of semantic, pragmatic and indexical translation equivalence [J]. Intercultural Pragmatics. 2011. Vol. 8, No. 3: 315 – 346.

[332] Rose, Kenneth R. Pragmatics in Teacher Education for Non-native – speaking Teachers: A Consciousness – Raising Approach [J]. Language, Culture and Curriculum. 1997. Vol. 10, No. 2: 125 – 138.

[333] Ruben, B. D. Assessing communication competence for intercultural adaptation [J]. Group and Organizational Studies. 1976 (1): 334 – 354.

[334] Rubin, J. Learner strategies: theoretical assumptions, research history and typology [A]. In A. Wenden and J. Rubin (eds.). Learning Strategies in Language Learning [C]. Hemel Hempstead: Prentice – Hall. 1987.

[335] Samovar, L. A. & Porter, R. E. Intercultural Communication (Tenth Edition) [M]. Toronto: Thomson Wadsworth. 2003.

[336] Samovar, L. A. & Porter, R. E. & McDaniel, E. R. Communication Between Cultures (Seventh Edition) [M]. Boston: Wadsworth, Cengage Learning. 2010.

[337] Sapir, Edward. Language: An Introduction of the Study of Speech [M]. New York: Harcourt, Brace. 1921.

[338] Sapir, Edward. The Status of Linguistics as a Science [J]. Language. 1929. Vol. 5, No. 4: 207 -214.

[339] Sapir, Edward. Language [J]. Encyclopedia of the Social Sciences. 1933. Vol. 9: 155 -169.

[340] Savignon, S. J. Communicative competence: Theory and classroom practice [M]. New York: McGraw Hill Higher Education. 1997.

[341] Schauer, Gila A. Interlanguage Pragmatic Development [M]. New York: Continuum International Publishing Group. 2009.

[342] Searle, John R. Expression and Meaning: Studies in the Theory of Speech Acts [M]. Cambridge: Cambridge University Press. 1979.

[343] Shoichi Matsumura. Learning the rules for offering advice: A quantitative approach to second language socialization [J]. Language Learning, 2001 (11): 635 -679.

[344] Somani, Alia. The Apology and its Aftermath: National Atonement or the Management of Minorities [J]. Postcolonial Text. 2011. Vol. 6, No. 1: 1 -18.

[345] Spencer-Oatey, Helen. Face, (Im) Politeness and Rapport [A]. In Spencer-Oatey, Helen. (eds) . Culturally Speaking: Culture, Communication and Politeness Theory [C]. 2000: 11 -47.

[346] Stasch, Rupert. Comment on Wierzbicka [J]. Australian Anthropological Society. 2013: 26 -28.

[347] Stern, H. Fundamental Concepts of Language Teaching [M]. Oxford: Oxford University Press. 1983.

[348] Tanaka, N. An investigation of apology: Japanese in comparison with Australian [J]. Meikai Journal. 1991 (11): 23 -44.

[349] Tarone, E. Some thoughts on the notion of ‘communication strategy’ [J]. TESOL Quarterly. 1981. Vol. 15, No. 3: 285 -295.

[350] Taski, A. The semantic conception of truth: and the foundations of semantics [J]. Philosophy and Phenomenological Research, 1944. Vol. 4, No. 3: 341 -376.

[351] Thomas, J. Cross-cultural Pragmatic Failure [J]. Applied Linguistics. 1983 (2): 91 -112.

[352] Trosborg Anna. Apology Stragetegies in Natives/Non-natives [J]. Journal of Pragmatics. 1987 (11): 147 -167.

[353] Tylor, Edward B. Primitive Culture: Research into the Development of Mythology, Philosophy, Religion, Art, and Custom [M]. London: John Murray, Albemarle Street. 1871.

[354] Underhill, James W. Humboldt, Worldview and Language [M]. Edinburgh: Edinburgh University Press. 2009.

[355] Ungerer, F. & Schmid, H. J. An Introduction to Cognitive Linguistics [M]. 北京: 外语教学与研究出版社, 2001.

[356] Uso-Juan, E. & Martínez-Flor, A. Approaches to language learning and teaching: Towards acquiring communicative competence through the four skills [A]. In Uso-Juan, E. & Martínez-Flor, A. (eds.). Current Trends in the Development and Teaching of the Four Language Skills [C]. New York: Mouton de Gruyter. 2006: 3 -28.

[357] Ward, C. & Bochner, S. & Furnham A. The Psychology of Culture Shock (Second Edition) [M]. East Sussex: Routledge. 2001.

[358] Warga Muriel & Scholmberger Ursula. The acquisition of French apologetic behavior in a study abroad context [J]. Intercultural Pragmatics. 2007. Vol. 4, No. 2 : 221 -251.

[359] Webster, Merriam. Webster's New Dictionary of Synonyms: A Dictionary of Discriminated Synonyms with Antonyms and Analogous and Contrasted Words [M]. Springfield: Merrian - Webster Inc. 1984.

[360] Weinstein, C & Mayer, R. The teaching of learning strategies [A]. In M. Wittock (ed.) Handbook for Research on Teaching [C]. New York: Macmillan. 1986: 315 -327.

[361] Wenden, A. Incorporating learner training in the classroom [A]. In A. Wenden and J. Rubin (eds.). Learning Strategies in Language Learning [C]. Hemel Hempstead: Prentice - Hall. 1987: 159 -168.

[362] Whorf, Benjamin Lee. Language, Thought and Reality: Selected Writings of Benjamin L. W. [M]. Edited by Carroll, John B. Cambridge, New York: The M. I. T. Press and John Wiley. 1956.

[363] Widdowson, H. G. Knowledge of language and ability for use [J]. Applied Linguistics. 1989. Vol. 10, No. 2: 128 -137.

[364] Wierzbicka, A. Semantic Primitives [M]. Frankfurt: Athenaum. 1972.

[365] Wierzbicka, A. Semantics, Culture, and Cognition: Universal Human Concepts in Culture - specific Configurations [M]. New York Oxford: Oxford University Press. 1992.

[366] Wierzbicka, A. Semantics: Primes and Universals [M]. Oxford New York: Oxford University Press. 1996.

[367] Wierzbicka, A. German 'cultural scripts': public signs as a key to social attitudes and cultural values [J]. Discourse Society. 1998 (9): 241 -282 .

[368] Wierzbicka, A. Emotions across Language and Cultures: Diversity and Universals [M]. Cambridge: Cambridge University Press. 1999.

[369] Wierzbicka, A. Cross - cultural Pragmatics: The Semantic of Human Interaction [M]. Berlin New York: Mouton de Gruyter. 2003 .

[370] Wierzbicka, A. " Experience" in John Searle's account of the mind: brain, mind and Anglo culture [J]. Intercultural Pragmatics. 2006a.

Vol. 3, No. 3: 241 – 255.

[371] Wierzbicka, A. English: meaning and culture [M]. New York Oxford: Oxford University Press. 2006b.

[372] Wierzbicka, A. "Reciprocity" An NSM approach to linguistic typology and social universals [J]. Studies in Language. 2009. Vol. 33, No. 1: 103 – 174.

[373] Wierzbicka, A. 'Story' – An English cultural keyword and a key interpretive tool of Anglo culture [J]. Narrative Inquiry. 2010. Vol. 20, No. 1: 153 – 181.

[374] Wildner – Bassett, M. Intercultural pragmatics and proficiency: 'Polite' noises for cultural appropriateness [J]. International Review of Applied Linguistics. 1994 (32): 3 – 17.

[375] Wong, Jock. Anglo English and Singapore English tags: Their meanings and cultural significance [J]. Pragmatics& Cognition. 2008. Vol. 16, No. 1: 88 – 117.

[376] Ye Zhengdao. Chinese categorization of interpersonal relationships and the cultural logic of Chinese social interaction: an indigenous perspective [J]. Intercultural Pragmatics. 1 – 2, 2004a: 211 – 230.

[377] Ye Zhengdao. When 'empty words' are not empty: examples from the semantic analyses from some 'emotional adverbs' in Mandarin Chinese [J]. Australian Journal of Linguistics. Vol. 24, No. 2, 2004b: 139 – 161.

[378] Yesim Bektas – Ceninkay. Pre – service EFL teachers' pragmatic competence: The Turkish case [J]. International Journal of Language Studies. 2012, Vol. 6, No. 2 : 107 – 122.

[379] Yuko Asano – Cavanagh. An analysis of three Japanese tags: ne, yone and daroo [J]. Pragmatics& Cognition. 2011. Vol. 19, No. 3: 448 – 475.

附录 1　文化语用能力调查问卷

各位同学：

你们好！我们现在正在做一项关于英语学习的调查研究，希望能得到你的帮助。请根据你的实际理解情况回答问题，每个问题可能不止一个选项。如果对选项不确定，请直接选择“我不确定”，以保证研究的科学性，并将你选择的答案填到题前括号内。得到的所有数据仅供研究使用，没有分数等评判，也不和考试挂钩，谢谢你的合作！

年龄__________　　性别__________　　专业__________

英语等级（请在对应项下画勾）（专四，专八，四级，六级，尚未参加任何考试，其他（请注明）________）

（　）1. 在英语课上，你的外教的名字是 Susan Gass。她的姓是________。

A. Susan　　B. Gass　　C. 我不确定

（　）2. 你的外教的名字是 Amy Stone，你觉得下面对她的称呼哪种不对？

A. Ms. Amy　　B. Miss Amy Stone　　C. Ms. Stone　　D. 我不确定

（　）3. 你想给你的外教写信，她的地址是美国（U. S. ）马萨诸塞州（MA. ）波士顿（Boston）的哈佛大学（Harvard University），你认为下面的地址哪个是对的？

A. U. S. ，MA. ，Boston，Harvard University

B. Harvard University，Boston，MA. ，U. S.

C. 我不确定

（　）4. “He is a bear at math.（bear－熊；math－数学）”这句话的意思可能是________。

A. 他数学一直学不懂。

B. 他学数学是个天才。

C. 我不确定。

（　）5. 英语中表示“嫉妒”可以说________。

A. green－eyed　　B. yellow－eyed

C. red－eyed　　D. 我不确定

（　）6. 如何用英语表示2015年1月1日？

A. January 1st，2015

B. 1st January，2015

C. 2015，January 1st

D. 我不确定

（　）7. 你认为在西方下面哪个数字不吉利？

A. 11　　B. 12　　C. 13　　D. 我不确定

（　）8. 你称赞一位美国朋友的衣服很漂亮（Beautiful dress!），你觉得她会怎么回答？

A. 谢谢！　　B. 我是在中国买的！

C. 还可以吧。　　D. 我不确定

（　）9. 你是对外汉语教师，在课堂上你指出了一位美国留学生作业中的错误，你觉得他会对你说________。

A. 对不起。

B. 谢谢。

C. 我不确定。

( ) 10. 你觉得英语中的“fate”和汉语中的“命”是对应的么?

A. 是。

B. 不是。

C. 我不确定。

A Questionnaire of cultural knowledge

Directions: In this part, you are presented with some questions concerned with cultural knowledge under Chinese circumstances. Please read each question and make your own choice. Some questions may have *more than one answer. If you are not sure about the answers, please don't hesitate to choose the choice of* "*I'm not sure*" . Thank you for your cooperation.

Nationality ________ Gender ________ Age ________

Years of learning Chinese ________

Level of Chinese ( ) beginner ( ) intermediate ( ) advanced

( ) 1. Your Chinese teacher's name is Wang Fang. What's her family name?

A. Wang B. Fang C. I'm not sure.

( ) 2. John marries a Chinese. His wife's mum is called Wu Yu. What is the appropriate way that he calls his wife's mum?

A. Wu Yu B. Mum C. I'm not sure.

( ) 3. You want to write a letter to your Chinese teacher who works at Peking University. Which is the correct way to write the address?

A. Peking University, Beijing, China

B. China，Beijing，Peking University

C. Beijing，Peking University，China

D. I'm not sure.

(　) 4. The mythological animal "dragon" in Chinese culture is ______ .

A. good　　B. evil　　C. I'm not sure.

(　) 5. "green – eyed" equals which expression in Chinese?

A. 眼绿　　B. 眼红　　C. 眼蓝　　D. I'm not sure.

(　) 6. How to express January 1st, 2015 in Chinese?

A. 1 月 1 日，2015 年

B. 2015 年 1 月 1 日

C. I'm not sure.

(　) 7. Which set of numbers do you think will be loved by most Chinese people?

A. 1，3　　B. 2，4　　C. 6，8　　D. I'm not sure.

(　) 8. When you say to a Chinese friend that her dress is beautiful, which of the following response do you think is acceptable in Chinese?

A. 谢谢!

B. 真的吗? 我不觉得啊。

C. 哪里哪里。

D. I'm not sure.

(　) 9. When a Chinese says to you "真是麻烦你啦!" He wants to show his ________ .

A. gratitude　　B. apology　　C. I'm not sure.

(　) 10. Which of the following do you think may not be good as a present for a Chinese?

A. an umbrella　　B. a clock

C. fruits　　D. I'm not sure.